Frank Berger

Musik im Kultus

Den Pionieren der Musik im erneuerten Kultus
Otto Ernst Crusius (1892-1965), Fritz Büchtger (1903-1978),
Matthäus Reisch (1912-1972) und Christoph Peter (1927-1982)

Frank Berger

Musik im Kultus

Zur musikalischen Praxis der Christengemeinschaft

Urachhaus

ISBN 3-8251-7023-3

Abbildung auf dem Umschlag: Harfenspielender Priester (Marmorstatue von der Kykladeninsel Keros, ca. 2800 v. Chr., Archäologisches Nationalmuseum, Athen)
Foto: Hirmer, München
Notensatz: Nota Bene A. Schwedeler, Stuttgart
Umschlag: Bruno Schachtner, Dachau
Druck: WB-Druck, Rieden

Inhalt

Geleitwort von Till Haase 7
Vorwort 9

Bild – Wort – Ton. Was bewirkt die Musik im Kultus? 13
Lichthaftes und Tonhaftes im Kultus 16
Was bewirkt Musik im Kultus? 18

Öffnungen und Übergänge. Der Ort der Musik im Kultus 20

Bild, Reim und Rhythmus im Gemeindegesang 29

Vom Kyrie zum Gloria – Das Gemeindelied im Spannungsfeld zwischen Bitten und Danken 37
Die Gemeindegesänge in der Menschenweihehandlung 40

Ist die Orgel ein für den Kultus geeignetes Instrument? 49
Fragen über Fragen 49
Auf der Suche nach der »Urorgel« 50
Zukunftsmusik 55

Gesichtspunkte zur Musik bei Bestattungen 63

Warum singen die Kinder in der Sonntagshandlung? 67

Von der Religion des Musikers 72

Nachwort 82
Anhang: Spielanweisungen zur kultischen Musik 84
Anmerkungen 88

Geleitwort

Zum Gottesdienst gehört Musik. Die besondere, direkte Berührung dieser Kunst zur göttlichen Welt, zur Ordnung und zum Leben des Logos wurde immer empfunden. Für viele Menschen ist die Musik zu dem eigentlich Erhebenden in den Gottesdiensten geworden. Die großen Werke der Kirchenmusik bereichern und erfüllen heute die alten und reformierten Gottesdienstformen der großen Volkskirchen.

In der Christengemeinschaft feiern wir nun einen neuen Gottesdienst. In Bild, Sprache und Tat ist er für ein erweitertes, waches Bewußtsein der Gegenwart, ja sogar für eines der Zukunft aus der geistigen Welt gestiftet. Wir ahnen das Weckende und Zukünftige dieses Gottesdienstes immer mehr und haben uns an das »Avantgardistische«, d.h. Vorangehende dieser neuen Formen »gewöhnt«. Müßte nicht die Musik zum Kultus in der Christengemeinschaft genauso aus einem gegenwärtigen Bewußtsein entstehen? Denn die Musik hat sich ja entwickelt und ihre Stile gebildet im Zusammenhang mit der Entwicklung des menschlichen Bewußtseins. Sie ist Sprache der Seele in ihrem Werden.

Wie kann also heute Musik entstehen, die dem neuen Gottesdienst adäquat ist? Das sind Fragen, die seit Jahrzehnten in der Christengemeinschaft bewegt worden sind. Und jede Antwort in Gestalt von Kompositionen ist Versuch, kann nur immer wieder Versuch sein, dem Ziel nahezukommen. Wir können uns da nicht an ein von Gott Gegebenes – wie bei den Kultusformen – gewöhnen. Das bringt zweifellos Schwierigkeiten für den Hörer mit sich und bedarf der besonderen Offenheit und Willigkeit, um diese Versuche zu verstehen und in ihrem Bemühen anzuerkennen.

Wer, wie der Unterzeichnete, Jahrzehnte die Bemühungen um die Musik im Kultus als Laienmusiker und Pfarrer miterlebt und begleitet hat, weiß, daß es sehr schwer ist, darüber zu reden, zu schreiben und für diese Musik Verständnis zu wecken. Umso dankbarer können wir für den Versuch von Frank Berger sein, diesem für uns so wichtigen Gebiet eine erste orientierende Schrift gewidmet zu haben. Möge sie dem Musiker, dem Pfarrer und dem interessierten Gemeindemitglied eine Hilfe sein, um zu verstehen, daß der erneuerte Kultus auch einer erneuerten Musik bedarf.

Till Haase

Vorwort

Die Musik hat den Kultus der Christengemeinschaft von seinen ersten Anfängen an begleitet. Unter den ersten Priestern waren Künstler und Musiker, die sich sofort nach der Begründung der Christengemeinschaft (Herbst 1922) der neuen Aufgaben annahmen, die hier sichtbar wurden. Dennoch soll es noch heute Menschen geben, die möglichst nur dann einer Menschenweihehandlung beiwohnen, wenn sie ganz sicher sein können, daß keinerlei Musik in ihr erklingt...

Man kann das unschwer mitfühlen. Denn was im erneuerten Kultus der Christengemeinschaft im allgemeinen an Musik erklingt, hat nur wenig Ähnlichkeit mit allem, was man gemeinhin mit dem Begriff »Kirchenmusik« oder »sakrale Musik« verbindet. Dazu kommt häufig – wir wollen hier nichts beschönigen – die Erfahrung, daß offensichtlich Interpreten wie Komponisten trotz des zweifellos vorhandenen guten Willens, es »recht zu machen«, mit Klängen operieren, die es noch schwer haben, den Weg in die Herzen ihrer Hörer (der Gemeinde) zu finden. Ratlosigkeit, ja Ablehnung ist die Folge. Solange aber nicht der Sinn dessen, was da erklingt, klar erlebt werden kann, läßt sich die Frage, was denn diese Musik mit dem Kultus zu tun hat, gar nicht stellen.

Wir können mittels des geschriebenen Wortes das Dilemma der fehlenden, unmittelbaren musikalischen Evidenz nicht beseitigen. Dazu bedürfte es der praktischen Erfahrungsmöglichkeit, etwa in Form von Hör- und Spielstudien, wie sie einerseits (auf den regelmäßig stattfindenden Tagungen für Musiker und Pfarrer) für die aktiv von diesen Fragen Betroffenen sowie andererseits (in den Gemeinden) in Form musikalischer Wochenenden u.ä. für die (sogenannten) Laien angeboten werden.

Was auf theoretischem Wege vermittelt werden kann, sind prinzipielle Gesichtspunkte, die vielleicht eine Orientierungshilfe sein können angesichts der geschilderten Erfahrungen. Denn der Kultus ist ein gesetzmäßig geordneter Organismus. Und in diesem Organismus hat auch das musikalische Element seinen Ort. Allein das Wissen darum, daß auch die Musik »dazugehört«, kann klärend wirken.

Fraglich bleibt sicherlich immer wieder das »Wie«: Warum muß die Musik so auftreten, wie sie es tut, und warum gerade an denjenigen Orten im Kultus, wo sie erklingt?

Die folgenden Betrachtungen wollen diesen Fragen nachgehen. Vielleicht können sie dazu beitragen, daß manches verständlicher wird. Es handelt sich dabei um Gedanken, die sich im Laufe einer achtzehnjährigen Tätigkeit als komponierender und praktizierender Musiker in der Christengemeinschaft herauskristallisiert haben, zumeist anhand mündlicher Darstellungen in den Gemeinden der Niederlande, Belgiens und in Deutschland sowie auf verschiedenen regionalen und internationalen Musikertagungen.

Das Ganze ist ein Versuch, ein sehr umfassendes Gebiet zu beschreiben, welches noch stark in Entwicklung ist; eine persönliche Momentaufnahme also. Da es bisher noch keine Gesamtdarstellung dieses Gebietes gibt, der Orientierungsbedarf aber deutlich wächst, schien es mir an der Zeit, einen Anfang zu setzen.

Zum Aufbau: Zunächst werden die Fragen in allgemeiner Form behandelt. Ein Abschnitt *Für Musiker* bringt jeweils ergänzende und weiterführende Hinweise für diejenigen, die sich praktisch mit dem Gebiet der Musik im Kultus auseinandersetzen. Im Anhang sind die Vorbemerkungen zu einigen Ausgaben kultischer Musik gesammelt. In ihnen sprechen sich die Intentionen der Komponisten, die Musik für den Kultus der Christengemeinschaft geschaffen haben, am reinsten aus. Außerdem enthalten sie wertvolle Spielanweisungen.

Wenn im folgenden von »Kultus« die Rede ist, so bezieht sich dieser Terminus auf den erneuerten Gottesdienst der Christengemeinschaft, im weiteren Sinne aber auch auf die Liturgie der christlichen Kirchen.

Die Aufgabe dieser Schrift wäre erfüllt, wenn die Bedeutung der Musik im Kultus deutlicher sichtbar würde. Es ist meine feste Überzeugung, daß sich diese Bedeutung nicht nur auf das Gebiet des Kultischen im engeren Sinne beschränkt. Die Kluft zwischen Kunst und Religion, die heute allenthalben spürbar ist, das von vielen empfundene Fehlen der religiösen Dimension in der Musik und beim Musizieren, die Suche nach »neuer Spiritualität« im künstlerischen Bereich überhaupt – das alles ist heute zu einer existentiellen Frage geworden. Im Kultus eröffnet sich das Übungsfeld einer neuen Verbindung mit dem Göttlich-Geistigen. Auch in der Musik kann eine solche *religio* Wirklichkeit werden.

Stuttgart, August 1994

Bild – Wort – Ton.
Was bewirkt die Musik im Kultus?

Die Bibel ist uns in zwei Hauptsprachen überliefert: dem Hebräischen (Aramäischen) und dem Griechischen. Hinter diesen Sprachen stehen zwei Kulturen, wie sie gegensätzlicher kaum sein können. Diese Verschiedenheit kommt auch in den Kunstauffassungen der beiden Völker zum Ausdruck.

Die Griechen waren vornehmlich Augenmenschen. Sie pflegten eine Augenkunst: Geistiges, auch Göttliches, wurde bei ihnen bis in die konkrete Sichtbarkeit, ja Tastbarkeit hinein abgebildet und im wahrsten Sinne »zur Erscheinung« gebracht. Neben der griechischen Architektur und Plastik ist die Bedeutung des Musikalischen, obwohl es durchaus keine unerhebliche Rolle spielte, in dieser antiken Kultur eher marginal zu nennen. Das starke Vertrauen in den Sehsinn und die Realität des äußerlich Sichtbaren kommt im Orpheus-Mythos klar zum Ausdruck: Orpheus wendet sich auf dem Wege aus der Unterwelt nach Eurydike um, um zu *sehen*, ob sie noch da ist. Nicht einmal ihm, dem Sänger, reicht die innere Gewißheit, die ihm sein Hören vermittelt …

Ganz anders die hebräische Kultur. Ein allererstes Gebot ist das der Bildlosigkeit: man soll sich kein Bild vom Göttlichen machen. Das »goldene Kalb«, die plastisch-bildliche Verkörperung einer übersinnlichen Kraft, ist eine Abirrung, die schwer geahndet wird. Nicht nur die Gottesvorstellung der Juden muß deshalb notwendigerweise abstrakt bleiben, *alle* Vorstellungen des Übersinnlichen müssen dies. So sind es Zeichen, Formen, Zahlen und Symbole (Kabbala), die auf das Göttliche hinweisen. Als Menschen des 20. Jahrhunderts können wir uns diese Weltsicht besonders gut am Beispiel der *abstrakten Malerei* vergegenwärtigen: Am Frühwerk Mondrians etwa läßt sich stufenweise verfolgen, wie ein blühender Baum immer stärker in ein reines Linienspiel aufgelöst wird. Die Abstraktion ist das, was übrigbleibt, wenn der Sinnenschleier, die äußere Erscheinung »weggezogen« (lateinisch: abstractum) wird. Die Innenseite der Dinge, das, was nicht in Erscheinung tritt, beginnt zu sprechen.

Ein wunderbares Beispiel für die Gotteserkenntnis der Hebräer ist das Erlebnis des Propheten Elia auf dem Berg Horeb (1. Könige 19, 11-12):

Und Jahve sprach: Gehe hinaus und stelle dich auf den Berg vor Jahve! Und siehe, Jahve ging vorüber, und ein Wind, groß und stark, zerriß die Berge und zerschmetterte die Felsen vor Jahve her; und Jahve war nicht in dem Winde. Und nach dem Winde: ein Erdbeben. Jahve war nicht in dem Erdbeben. Und nach dem Erdbeben: ein Feuer. Jahve war nicht in dem Feuer. Und nach dem Feuer: der Ton eines leisen Säuselns. Und es geschah, als Elia es hörte, da verhüllte er sein Angesicht mit seinem Mantel und ging hin und stellte sich an den Eingang der Höhle. Und siehe, eine Stimme geschah zu ihm also: Was tust du hier, Elia?

Geistig-Göttliches offenbart sich hier nicht sichtbar in den äußeren (Natur-)Erscheinungen, sondern sprechend-erklingend im Menschen-Innern: »Elia verhüllte sein Angesicht«. Schauplatz ist eine Höhle, Bild für das Innere des Menschen, aber auch für das Ohr. Das Musikalische spielt, im Gegensatz zur darstellenden Kunst, im jüdischen Volk (bis heute) eine überragende Rolle.

Beide Seelenhaltungen können, einseitig ausgebildet, zu Extremen führen. Die Tendenz zur Sichtbarmachung wird zur Oberflächlichkeit, zur Profanisierung (Verweltlichung) und zum Materialismus, wenn das hinter den Erscheinungen lebende Geistige nicht mehr erlebt wird. Die Tendenz zur Abstraktion und zum reinen Innen-Erleben führt dagegen zum Schematismus, Dogmatismus oder Mystizismus, im Extrem zur Weltflucht.

Nicht nur in Kulturen, auch bei individuellen Menschen können diese beiden Affinitäten als Grunddispositionen ausgeprägt sein. Es gibt Augenmenschen und Ohrenmenschen. Nicht immer hat die eine Spezies Verständnis für die Erlebnisart der anderen. So hatte der Komponist *Josef Matthias Hauer* (1883-1959) eine tiefe Abneigung gegen das Griechentum, weil es so stark in die Versinnlichung des Geistigen drängte.

Hauer empfand das als Veräußerlichung und als zutiefst »unmusikalisch«. Ganz folgerichtig mußte er denn auch zu einer Musik kommen, die alles Sinnliche möglichst abgestreift hatte. Seine »Zwölftonspiele« sind schwebend-entsinnlichte Tongebilde, dem Hesse'schen *Glasperlenspiel* vergleichbar. Alles, was in der Musik »darstellend« ist (Expression und Interpretierendes, plastische Konturen, Thematisch-Motivisches im herkömmlichen Sinne), ist in ihnen überwiegend ausgeschaltet. Hauer wirkt wie ein moderner Mystiker.

Goethe hingegen darf durchaus als Verteter des Typus des »Augenmenschen« gelten. Seine zeichnerische und naturbeobachtende Begabung ist bekannt. Wenngleich es von ihm auch eine *Tonlehre* gibt, stand doch die *Farbenlehre* und die Welt der Erscheinungen im Zentrum seines Interesses. Denjenigen musikalischen Strömungen seiner Zeit, die tief in die Welt des Innern führten – Schubert und die beginnende musikalische Romantik – stand er im Grunde ratlos gegenüber. Der plastisch-architektonische Gestus der Wiener Klassik, wie ihn auch sein Freund und Ratgeber *Carl Friedrich Zelter* vertrat und in dem eine »griechische« Komponente in metamorphosierter Form wiederauflebte, erschien ihm dagegen als Ideal. Wenn man Hauer als Mystiker bezeichnen kann, der den Erscheinungen der Innenwelt hingegeben ist, so ist Goethe, der die Welt der sinnlichen Erscheinungen zu durchdringen sucht, ein Alchimist. Seine »Wahlverwandtschaften« sind ein Beispiel dafür, wie er die menschlichen Seelenkräfte gleichsam als Naturerscheinungen, wie von außen beobachtend, analysiert und in ihren gegenseitigen Anziehungs- und Abstoßungskräften, »alchimistisch« also, aufeinander wirken läßt.

Hauers Antipode *Arnold Schönberg* ist demgegenüber das Beispiel eines Künstlers, der Zugang zu beiden Erlebnisarten hatte. Schönberg , der zusammen mit Kandinskij und den Malern des »Blauen Reiter« seine Bilder ausstellte, erlangte auch als Maler eine gewisse Bedeutung.

Hieran wird deutlich, daß wir, trotz aller individuellen Einseitigkeiten, eigentlich für *beide* Erlebnisarten disponiert sind. Jeder Mensch ist von Natur plastisch-bildnerisch *und* musikalisch konstituiert. Diese Polarität ist ein menschenkundlicher Ur-Tatbestand.

kiert« ist, kann es erst recht in unsere Seelen eindringen. Das Zusammen- und Wechselspiel von Sehen und Hören verlebendigt unsere Beziehung zum Kultus-Wort.

Dies ist allerdings nur dann der Fall, wenn beides, Bildhaftes und Tonhaftes, mit dem Kultus-Wort korrespondiert. Für die Musik bedeutet das: sie muß sich an diesem Wort orientieren, aus ihm gleichsam hervorgehen. Echte Kultus-Musik ist immer wortgezeugt.

Darin dürfte auch der tiefere Grund liegen, warum der musikalische Duktus bisheriger Kirchenmusik sich nur schwer mit dem erneuerten Kultus verbindet: es ist die erneuerte Wortgestalt, die die neue Musik, das neue Lied hervorbringt. Und wer die radikal neue Klanggestalt der Neuen Musik zum Kultus bemängelt, sollte sich im klaren sein, daß die Wortgestalt des Kultus keineswegs weniger radikal neu ist.

Was bewirkt Musik im Kultus?

Was, ganz konkret gefragt, bewirkt das musikalische Element nun im Kultus? Zum einen: eine *Vertiefung des Hörens* an sich. Das Hören ist eine Grundtätigkeit aller, die am Kultus teilnehmen. Denn der Kultus ist ein Wort-Kultus, das Wort wird rein *hörend* aufgenommen. Wie anders würde es wirken, wenn wir es uns etwa lesend, mitlesend einprägten! Das Zuhören bewirkt eine andere seelische Verarbeitung als das Lesen, das »Sehen« des Wortes. Hörend Aufgefaßtes lebt in uns zunächst weniger intellektuell als gemüts- und willensmäßig. Das Verstehen des Gehörten (das »Nach-Denken«) erwächst erst aus diesem gemüts- und willensmäßigen Erfassen. Demagogen und Redner wissen dies und machen es sich, häufig in negativer Weise, zunutze. Manch einer ist enttäuscht, wenn er eine als zündend erlebte Rede im nachhinein in geschriebener Form vor sich sieht.

Normalerweise erleben wir den umgekehrten Prozeß: wir sehen bzw. lesen etwas und versuchen es zu verstehen. Dann sinkt es ins Gemüt hinunter, Empfindungen werden daran wach usw. Wo dies nicht geschieht, bleibt das Gelesene abstrakt. – Der Kultus pflegt demgegenüber eine neue »Hörkultur«, die sich eben nicht primär an das intellektuelle

Erfassen wendet. Diese Art des Aufnehmens von Sprache und Inhalten ist etwas durch und durch Musikalisches: man liest und »sieht« die Texte eben nicht zuvor, sondern man nähert sich ihnen *hörend.*

Zum anderen bewirkt Musik im Kultus, indem sie dieses Hören anspricht und ihrerseits braucht, nicht nur eine »Ohrenöffnung«, sondern auch eine *Öffnung der tieferen Seelenschichten.* Diese »mystische« Wirkung der Musik ist auch im Kultus immer vorhanden. Es gibt schlechthin kein anderes Element, welches das Seeleninnere in vergleichbarer Weise zu erreichen und »einzustimmen« vermag. Musik wird als unmittelbare Seelensprache erlebt, weil sie ohne den Umweg über den Verstand und seine intellektuellen Filter wirkt.[2] So kann sie gerade im kultischen Zusammenhang Unermeßliches leisten: Seelen-einstimmend und dadurch Gemeindegefühl erzeugend; Seelen öffnend und dadurch Vertiefung bewirkend.

Wird diese Öffnung bis in die Seelentiefen hinein Wirklichkeit, kann die Begegnung mit dem stattfinden, der zum Menschen immerfort spricht: *Ephatha – öffne dich!*

Öffnungen und Übergänge. Der Ort der Musik im Kultus

Schon oft ist die Menschenweihehandlung mit einem Tempel verglichen worden, der durchschritten wird. Das ist durchaus begründet und erlebbar: es gibt so etwas wie eine Architektur, eine zeit-räumliche Gliederung in vier Teile, die sich deutlich voneinander abheben wie die Teile eines sakralen Gebäudes[3]. Im Weiterschreiten zum jeweils nächsten Bereich der Menschenweihehandlung wird ein *Weg* erfahrbar, der von den mehr vorbereitenden Bezirken (den »Vorhöfen«) bis ins Allerheiligste führt. Doch im Gegensatz zum jüdischen Tempel etwa kann dieses Allerheiligste heute nicht nur durch den Hohepriester zu ganz seltenen, ausgewählten Feier-Augenblicken, sondern von jedem betreten werden, der die Schritte mitvollzogen hat, die darauf zuführen. Der Weg und die Räume, durch die er führt, sind »öffentlich« im wahrsten Sinne des Wortes.

Wer die Menschenweihehandlung kennt, wird bemerken, daß die Musik immer da auftritt, wo eine Schwelle, eine innere Grenze überschritten wird. Musik erklingt zu *Beginn* – hier wird die Grenze zwischen der »Außenwelt« und dem sakralen Bezirk überschritten – nach dem *Bekenntnis* (wir vollziehen hier den Übergang vom ersten Teil der Menschenweihehandlung, der *Evangelienlesung*, zum zweiten Teil, der *Opferung*), nach der Opferung als Übergang zur *Wandlung* (hier erklingt der erste Gemeindegesang) und schließlich, nach dem Vaterunser, beim Überschreiten der Schwelle zur *Kommunion*. Nach der Kommunion erklingt der zweite Gemeindegesang. Zum Beschluß der heiligen Handlung hilft uns die Musik dabei, den Übergang in den Alltag zu vollziehen. Lassen wir die beiden Gemeindegesänge außer Betracht (sie werden in zwei gesonderten Kapiteln behandelt), so sind es zunächst also insgesamt vier »Stellen«, an denen Musik gliedernd und verbindend in den Organismus der Menschenweihehandlung eingreift[4]:

zu Beginn
nach dem Bekenntnis
nach dem Vaterunser
zum Beschluß

An diesen Stellen kann instrumentale Musik, aber auch Chormusik erklingen. Wenn ein Chor singt, wird plötzlich noch eine zusätzliche Schicht des Kultus sichtbar, die sonst nicht erscheint: einerseits meldet sich hier ein Teil der sonst meist schweigenden Gemeinde[5] »zu Wort«, andererseits wird der Wortorganismus der Handlung mit zusätzlichen Texten durchsetzt – ein bedeutsamer Vorgang, zu dem schon oft grundsätzliche Fragen aufgeworfen worden sind.

Im allgemeinen jedoch erklingt instrumentale Musik. Hier sind die verschiedensten Besetzungen möglich: Von der Posaune bis zur Leier sind schon alle denkbaren Instrumente eingesetzt worden. Anders als in den großen Konfessionskirchen wird die Musik in der Christengemeinschaft nicht unbedingt und ausschließlich von Berufs- und ausgebildeten (nebenamtlichen) Kirchenmusikern ausgeführt. Seit es Musik in der Christengemeinschaft gibt, haben sogenannte Laien gleichberechtigt neben Fachmusikern gewirkt. Von den Möglichkeiten und Grenzen dieser Praxis wird im letzten Kapitel noch die Rede sein.

Musik erklingt im Kultus also immer an den Schwellenmomenten. Welche Funktion hat sie dort? Soll sie einfach »Lückenfüller« sein, oder soll sie die entsprechenden Teile der Handlung musikalisch illustrieren? Weder das eine noch das andere. Es handelt sich nicht darum, sozusagen irgendeine Öffnung zuzuschütten. Im Gegenteil: Wenn die Musik die Erfahrung einer Grenze und des inneren Schrittes, der zu ihrer Bewältigung notwendig ist, verhindert, indem sie ein schönes Eigenleben entwickelt, das mit der Forderung der konkreten musikalischen Situation aber nichts zu tun hat, wird sie unweigerlich zum »Ablenkungsmanöver« und dadurch zur Störung. Das mag, so streng formuliert, etwas dogmatisch klingen. Doch die liturgische Musik der christlichen Kirche hatte nie den Charakter eines Wunschkonzerts. Entscheidend im Kultus ist nicht der Schönheits- oder Bekanntheitsgrad, ja nicht einmal die meisterliche Faktur einer Musik, sondern allein das Kriterium, ob sie in der Lage ist, die Seelen in die *Vertiefung* des soeben am Kultus Erlebten und Mitvollzogenen zu führen und sie sodann auf das Kommende vorzubereiten, sie »einzustimmen«.

Dieses Vertiefen und Einstimmen meint nicht, daß Musik hier irgendetwas illustrieren soll (falls Musik dies überhaupt vermag). Es läßt sich hier auch gar nichts illustrieren – wie ließe sich die Realität solcher Vorgänge wie der *Wandlung* oder der *Opferung* je programmatisch-musikalisch »darstellen«?[6] Doch die Vertiefung des daran Erlebten, die Vorbereitung der Seelen auf das Kommende – das kann Kultus-Musik leisten. Hieraus ergeben sich zwangsläufig Fragen:

Welche Musik ist überhaupt geeignet, diese Funktionen zu erfüllen? Ist die bisherige Kirchenmusik, die Musik des Barock und der Renaissance mit ihrem Reichtum an Formen usw. in diesem Zusammenhang verwendbar? Gibt es dort nicht Stücke, die – wenn man nur lange genug sucht – passend und brauchbar sind?

Wenn man so fragt, sollte man sich zunächst einmal klarmachen, daß Kirchenmusik in der Vergangenheit *immer* liturgisch gebunden war. Das heißt: ein Stück gehörte an eine ganz bestimmte Stelle im Kirchenjahr und in der Liturgie. Es waltete hier eine strenge »Zweckbindung«. Daher hat die römisch-katholische Kirche zum Teil ganz andere musikalische Formen ausgebildet als die lutherische oder anglikanische Tradition. Wer solche Kirchenmusik im erneuerten Kultus verwenden möchte, wird immer mit der Tatsache konfrontiert werden, daß dies eigentlich eine Zweckentfremdung dieser Musik bedeutet – sie ist nicht für diese Liturgie komponiert worden, sondern für einen anderen Zusammenhang. In gesteigertem Maße gilt dies für die sogenannte »weltliche« Musik (Bach-Präludien, Händel-Sonaten etc.). Solche Stücke waren nie für die Verwendung im kirchlich-liturgischen Rahmen bestimmt.[7] Versetzt man derartige Stücke in den Kultus der Christengemeinschaft – und das wird häufig getan –, so wirken sie »importiert«, wie Symbole, die auf etwas hinweisen, was nicht im gegebenen Rahmen zu finden ist, wie Zitate gleichsam. Die Verwendung von Zitaten ist in der heutigen Kunst nichts Ungewöhnliches. Man denke nur an die Musik Alfred Schnittkes oder an die allgemeine Kunstströmung der Postmoderne. Doch im Kultus gibt es keine (abstrakten) Zitate, sondern nur Realität oder Un-Realität. Alles, was dort geschieht, ist entweder real wirksam oder bedeutungslos, weil es keinen Anteil an den Vorgängen hat.

Dies bringt uns auf einen weiteren Punkt. Ist es nicht so, daß wir – um ein extremes Beispiel zu nehmen – das *Largo* von Händel unter Umständen auch deshalb gerne in den Kultus importieren möchten, weil wir seelisch an dieser Musik hängen? Weil sie uns lieb und teuer ist und wir daran irgendwann einmal Tiefes erlebt haben? Das hieße dann aber: wir wollen nicht die Musik an sich importieren, sondern vielmehr die Gefühle und Empfindungen, die wir daran erlebt haben! Die Musik dient nur als Vehikel, Inventar oder Katalysator, unser inneres Verhältnis zu ihr ist dann ein *mittelbares*, kein ganz ursprüngliches mehr. Außermusikalisches (Gefühle, Erinnerungen, Lust- und Unlustempfindungen, Vorlieben und Abneigungen) spielt mit herein. Streng genommen haben wir zu diesen älteren Musikformen kein ganz echtes innerliches Verhältnis mehr.[8] Wäre dies anders, so hätte die heutige Technisierung des Musiklebens und -Erlebens keine Chance.

Musikalische »Versatzstücke« dieser Art sind im Kultus also wie Fremdkörper. Außerdem ergeben sich oft Schwierigkeiten durch die Längendimension solcher Stücke: Im allgemeinen sind sie zu »ausladend« und müssen daher zumeist an irgendeiner Stelle mehr schlecht als recht mit einem künstlichen Schluß versehen werden. Auch die musikalische Gebärdensprache (Figuren, Kadenzformeln, Rhetorik) der Alten Musik kann ein Problem sein. Alles in allem kann gesagt werden, daß ältere Musik sich nur schwer mit dem erneuerten Kultus verbindet.[9]

Aus dieser Wahrnehmung erwuchs der Wunsch, eine Musik zu haben, die sensibel und flexibel auf die Vorgänge am Altar reagiert, die eine »Offenheit« besitzt, die sie dem Gestus der Improvisation annähert. Nicht, daß deswegen auch wirklich am besten gleich improvisiert werden sollte – die Improvisation im Kultus erfordert, wenn sie verantwortungsvoll ausgeübt wird, lange Vorbereitung und Übung. Doch der Gestus des Improvisatorischen, des Offenen, Wandelbaren sollte immer erlebbar sein. Dadurch wäre (im Idealfall) die Möglichkeit gegeben, Musik im Kultus zu haben, die immer »neu« und »unerhört«, wie im Hören erst entstehend, klingt; die für die Hörer (die Gemeinde) eine fortwährende Aufforderung zum Mit-Bilden darstellt, weil es sie eigentlich noch nicht gibt; die kein Zitat ist, sondern Keim …

Sicherlich sind wir in der Praxis noch weit von diesem Ideal entfernt. Auch beim Spielen der eigens für den Kultus geschriebenen Musik kann sich Routine einschleichen. Doch man kann manchen Stücken bereits »anhören«, aus welcher Quelle sie hervorgegangen sind und worauf sie sich beziehen. Als ein Beispiel sei ein Stück für die Passionszeit von Lothar Reubke wiedergegeben.[10]

Passion - Karwoche (Introduktion und Beschluß)

für Viola oder Violoncello

Lothar Reubke

Hier tauchen durchaus Gebärden auf, die wir aus älterer Musik gut kennen (zum Beispiel Anklänge an das B-A-C-H-Motiv). Doch sie sind verwandelt, man könnte auch sagen: dem Anlaß anverwandelt. Was sich hier vollzieht, ist wie eine einzige große Metamorphose eines Grundmotivs. Wir werden im Hören in bestimmte Intervallprozesse, bestimmte Töne, bestimmte Ton-Wege hineingeführt. Und im seelischen Mitgehen dieses musikalischen Weges entfaltet sich die Wirkung, die uns hilft, Schritt für Schritt, Stufe für Stufe jene Schwellen zu überschreiten, von denen eingangs die Rede war.

Es mag deutlich sein, daß eine Musik, die derartige Prozesse in Gang setzen will, zunächst nur in starker Einfachheit und Schlichtheit auftreten kann. Denn jede musikalische Gebärde, jede Bewegung, jede Tonfolge muß in ein Verhältnis zum kultischen Geschehen gesetzt werden können. Bei einer komplizierten, hochentwickelten Faktur ist die Wahrnehmung dieses Verhältnisses – auch für die Gemeinde – viel schwieriger, denn die Aufmerksamkeit wird dann von den komplexen musikalischen Vorgängen stärker beansprucht. Dies ist für viele Berufsmusiker (insbesondere für Kirchenmusiker) oft enttäuschend und schmerzhaft. Nicht nur, daß es insgesamt quantitativ nur »wenig« Musik im Kultus der Christengemeinschaft gibt. Es gibt auch keine Möglichkeit, in herkömmlicher Weise einmal »ordentlich loszulegen«. Daß diese Beschränkung auch ein Gewinn sein kann, soll im letzten Kapitel dargestellt werden.

Für Musiker

Im folgenden soll versucht werden, ein paar konkrete Hinweise zum musikalischen Gestus der einzelnen liturgischen Orte zu geben, an denen Musik erklingt. Solche Hinweise sind notgedrungen abstrakt und können die praktische Erfahrung nicht ersetzen.

Greifen wir zunächst den Gedanken der »Architektur« der Menschenweihehandlung auf. Diese Architektur ist wie ein Raum, in dem sich vielfältige Handlungen und Bewegungen abspielen. Ein ganz wesentliches Bewegung-schaffendes Element des Kultus ist die Musik. Wo immer Übergänge vollzogen werden müssen, hilft sie uns, innerlich ins Strömen zu kommen. Dieses Strömen kann, je nachdem, an welcher Stelle wir uns im Kultus befinden, sehr unterschiedliche Qualitäten haben.

So hat die *Anfangsmusik* noch etwas Abtastendes, Raum-Erkundendes. Die Klänge strömen in einen Raum hinein, in dem noch keine Worte erklungen sind. Nur Stille und Lichtwirkungen (das Entzünden der Altarkerzen) sind vorausgegangen. Mit den ersten Tönen findet eine atmende Öffnung statt, die dann in eine zarte »Erwärmung« übergeht. Die Klänge tasten jetzt gleichsam die Peripherie des physischen und geistigen Raumes ab, in dem sich die Handlung vollziehen wird. Sie umhüllen gewissermaßen noch das Geschehen.

Zwei Gefahren lauern hier. Einerseits wird die Neigung bestehen, eher vorsichtig und zart zu spielen, so daß die Töne behutsam und sensibel, im Extrem aber auch schwächlich in die geistige Atmosphäre einströmen können. Andererseits kann es passieren, daß zu massives (expressives) Spiel nicht genügend Sensibilität hat und so den Hörraum leicht überflutet und zuschüttet. Die Mitte zu finden zwischen »zu behutsam« und »zu gewaltsam« – so ließe sich die Aufgabe umschreiben, vor der die Musiker hier stehen.

Anders gestaltet sich der musikalische Strom nach dem *Bekenntnis* (Credo): Die Richt-Kraft, die im inneren Mitsprechen des Credo lebt, die bekennend-bejahende Haltung, die hier entsteht, korrespondiert mit einem musikalischen Gestus der Entschiedenheit und Bestimmtheit. Die Musik umhüllt hier nicht mehr lediglich, sondern verbindet sich mit dem Geschehen und strömt in es ein. Dieses Einströmen kann sich im Extremfall zur Über-Eindringlichkeit, zum monumentalen, deklamierenden Gestus steigern. Oder aber eine Art »Angst vor der eigenen Courage« führt zu einem gestauten Ton: Man wagt nicht, den im Innern erlebten kraftvollen Gestus nun auch voll zu äußern. Die Kraft des ruhigen, mutvollen *Bezeugens* ist hier gefordert. – Die Musik nach dem Credo zeigt häufig eine Besonderheit: Sie ist vielfach deutlich zweiteilig. Auf einen klarkonturierten Anfangsteil folgt ein stillerer, zurückgenommener Schlußteil, der sich bereits auf die *Opferung* (das Offertorium) bezieht. Hier wird deutlich hörbar, wie Musik Übergänge vollziehen kann. Der Credo-Charakter wandelt sich und geht in einer das Opfer vorbereitenden Stimmung auf.

Während der *Opferung* entsteht eine gewaltige dynamische Kraft. Dies wird schon rein äußerlich sichtbar an der Fülle der Bewegungen und Wege, die ausgeführt werden. Ein dynamisches Auf und Ab, Hin und Her entsteht. Flüssigkeiten werden vermischt, Weihrauch wird entzündet, Rauch steigt auf usw. Es wird in den aufsteigenden Rauch hinein gesprochen und sogar gesungen. Denn der *erste Gemeindegesang* ist wie eine Fortsetzung der Opferung: er wird gesungen, während der Zelebrant die sogenannte »letzte Räucherung« des Altares ausführt. Was nun da erklingt, ist oft alles andere als seelen-erhebend. Die Extreme reichen vom zögerlichen, schwachen Versuch, ein paar Töne hervorzubringen bis zum Mißverständnis, es seien nach guter alter Kirchen-Sitte kräftig die Stimmen erschallen zu lassen. Dies ist zunächst auch durchaus berechtigt. Denn die Opferung setzt ja gerade dort an, wo unsere Schwächen, unsere Abirrungen vom göttlichen Wesen (wie es im Kultus heißt) sichtbar, ja sogar hörbar werden und hörbar werden dürfen. Das Menschlich-Allzumenschliche, Persönlich-Allzupersönliche im Grunde unwürdiger Geschöpfe kommt zum Vorschein und durchdringt alle Vorgänge. Doch es wird in das wesenschaffende Liebesfeuer aufgenommen und von der reinigenden Opferflamme verzehrt – eine Voraussetzung für die *Wandlung*, die sich jetzt anschließt. Weiteres hierzu soll im vierten Kapitel dargestellt werden.

Ein aus dem Lauschen entstehendes, vertrauensvoll ausströmendes Singen (die Laien), das zugleich bereit ist, von den allzu »solistischen« Ambitionen (die Könner) abzusehen, eine Mitte zwischen Überbescheidenheit und Übermut also, wäre hier wohl die richtige Haltung … Dann kann auch die eigentliche, wesentliche Seelensubstanz der Singenden in den Prozeß einfließen.

Während der *Transsubstantiation* (der *Wandlung*) ist es zunächst so, als tauchte der musikalische Strom in große Tiefen unter, bevor er, nach dem *Vaterunser*, verwandelt wieder zum Vorschein kommt. Es ist, als ob die Musik jetzt wie von innen her, aus dem Kultus selbst, wieder auf uns zukäme, wie aus einem unterirdischen Quell hervorströmend. Hier ist die größte Sensibilität im Spielen (das heißt in den Bewegungsvorgängen) und in der Tonbildung gefordert: das Musizieren ist wie »von außen« geführt. Nichts ist hier weniger am Platze als ein kompaktes, in sich verschlossenes, gut vorbereitet ablaufendes Musizieren. Im Gegenteil: an keiner anderen Stelle ist man so offen für das, was einem aus dem Kultus entgegenkommt – und nirgends sonst ist es so leicht, loszulassen und sich vom Strom, der von ihm ausgeht, tragen zu lassen. Dauert dieses gelöste Gefühl, das sich – beim Improvisieren, doch auch als Gestus ausnotierter Kompositionen – bis zu einer gewissen »Glückseligkeit« steigern kann, allerdings zu lange an, führt das zu weitschweifigen, immer weiterfließenden Tongebilden (vom redseligen Typus der »musica sub communione«), die sich in Substanzlosigkeit verlieren können.

Die Musik nach dem Vaterunser läßt am ehesten ahnen, in welche Dimensionen man überhaupt beim Musizieren im Kultus geführt werden kann.

Diese Lösung setzt sich fort, bis mit dem *zweiten Gemeindegesang* (nach der *Kommunion*) der Strom schließlich zur Ruhe kommt. Die Stimmung ist hier eine ganz andere als beim Gesang nach der Opferung. Fand dort ein Hinfluten der Seelenkräfte in Richtung des Quellortes am Altar statt, so ist hier das Gegenteil der Fall. Dieser Gesang wird aus der Erfahrung des Empfangenhabens, der Stimmung des Friedens heraus angestimmt. Die Erfahrung der heilenden Kräfte des Sakraments, die vom Altar aus nun in die Gemeinde zurückgeflutet sind, schafft eine völlig andere Stimmung und Haltung des Singens als nach der Opferung: aus dem abflutenden Zur-Ruhe-Kommen, dem Erreichen einer gewissen Balance bis in die Physis hinein, verdichtet sich hier eine Art »Dankgesang«.

Die *Schlußmusik* endlich führt wieder hinaus in die Weite. Erstaunlicherweise wird dabei immer wieder festgestellt, daß die Musik »ganz anders« klinge als am Anfang, obwohl es sich häufig um dasselbe Stück handelt.[11] Dies mag daran liegen, daß sich unser Hören im Verlauf der Menschenweihehandlung gewandelt, »umgestülpt« hat; doch sicherlich auch daran, daß derjenige, der den Weg durch den Kultus innerlich mitvollzogen hat, jetzt anders *musiziert* als zuvor, weil er tatsächlich (wenigstens partiell) »ein anderer« geworden ist.

Man müßte ähnliches nun für alle Sakramente und Rituale schildern, bei denen Musik beteiligt ist. Dies würde den gegebenen Rahmen jedoch sprengen. Da jedoch besonders häufig Fragen und Probleme im Umkreis der Musik zu Bestattungen und Kremationen auftreten, soll wenigstens dazu im sechsten Kapitel einiges ausgeführt werden.

Bild, Reim und Rhythmus im Gemeindegesang

Eine musikalische Grunderfahrung im erneuerten Kultus ist diese: der warme Klangstrom der Musik hüllt uns ein. Er erzeugt, wenn er in Übereinstimmung mit dem Geschehen und stark genug ist, ein Gefühl der Geborgenheit. Dieses Gefühl breitet sich wie von hinten her, wo der musikalische Pol pulsiert, durch uns hindurch nach vorne hin aus – ein Wärme-Strom, der Vertrauen erwecken kann. Dennoch ist diese »musikalische Wärme« noch dunkel, ohne Inhalt, wie eine Sprache ohne Worte. Dies ändert sich, wenn ein Chor singt. Die Klänge nehmen Sinn und Bedeutung an.[12]

Bis hierhin geschieht dies alles »außerhalb« von uns: die Musiker oder die Chorsänger haben als Vertreter der Gemeinde die musikalischen Aufgaben übernommen. Sobald wir als Gemeinde jedoch *selbst* singend aktiv werden – und das ist der Fall beim Singen der Gemeindelieder – können wir plötzlich gewahren, daß wir nun selbst auf zweifache Weise an etwas teilhaben, was sich vorher außer uns ereignete: wenn wir singen, nehmen wir *selbst* an jenem warmen, anregenden Klangstrom aktiv teil – wir bringen jetzt selbst Töne hervor. Doch zugleich steigen Bilder, Inhalte in unserem Bewußtsein auf. Denn wir singen nicht nur Klänge oder Vokale, sondern Worte, ja ganze Sätze. Bewußtseinslicht verbindet sich mit dem Wärmestrom.

Singen ist also einerseits stark eine Willensaktivität. Ein Impuls, ein innerer Impetus will sich äußern und Klang werden. Das kommt in der *musikalischen Gestalt* der Lieder, Melodien und Rhythmen zum Ausdruck. Was daneben an Inhalten und Erkenntnismäßigem, von diesem Willensstrom getragen, in uns lebt, spiegelt sich in den *Texten* der Lieder.

Nun können allerdings durchaus gewisse Einseitigkeiten entstehen, wenn eines dieser Elemente dominiert oder zu schwach vertreten ist. Das heißt, eine Melodie, eine bestimmte rhythmische Faktur kann so eigenwillig und stark sein, daß sie das Wort förmlich »aufzusaugen«, ja zu vertilgen droht. Oder das Umgekehrte ist der Fall: wenn ein Text ein Übermaß an deutender Auslegung, abstrakten Begriffen oder Inhalten enthält, »erstarrt« das Lied rasch zu einer Art didaktischer Predigt. Der Singende spricht sich dann gleichsam selbst ermahnend oder belehrend zu. Es ist in solchen Fällen schwerer, im Singen dennoch spontan und »bereitwillig« zu bleiben – man kühlt dabei buchstäblich etwas ab.

Schon in den Texten der frühesten christlichen Lieder, der lateinischen *Hymnen* der römischen Kirche, kommt dies zum Ausdruck. Man betrachte einmal die reiche Bildersprache der Morgenhymne *Aeterne rerum conditor* (*O ew'ger Schöpfer aller Ding'*) des Ambrosius von Mailand (ca. 340-397):

Hymnus ad galli cantum
(Ambrosius, ca. 340 - 397)

Hymnus zum Hahnenschrei

1. O ew'ger Schöpfer aller Ding',
Der Tag und Nacht regieret, der
Jedweder Zeit gibt ihre Zeit,
Daß er dem Übermaße wehr'.

2. Der Herold schon des Tages ruft,
Des mächt'gen Dunkels treue Wacht,
Des späten Wand'rers freundlich Licht,
Abscheidend von der Nacht die Nacht.

3. Sein Ruf erweckt den Morgenstern,
Die Finsternis vom Himmel weicht,
Sein Ruf verscheucht die dunkle Schar,
Die auf dem Pfad des Bösen schleicht.

(Übersetzung: nach Guido Maria Dreves)

Wenn das Bewußtseinselement überwiegt, entstehen Texte wie dieser (aus *Ales diei nuntius* von Aurelius Prudentius Clemens, 348 – ca. 410):

Des Tag's geflügelt' Bote kündet
das Licht, das Dunkel überwindet:
Christus, der Seelen-Wecker, ruft
ins Leben aus der Todesgruft.

7. Hic somnus ad tempus datus
est forma mortis perpetis,
peccata ceu nox horrida
cogunt iacere ac stertere.

7. Es ist der Schlaf wohl in der Zeit
Abbild der Todes-Ewigkeit,
gleichwie die schwere Sündennacht
uns niederzwingt mit Übermacht.
(Übersetzung: Frank Berger)

Man sieht hier deutlich, wie jeweils die zweite Hälfte jeder Strophe die Bilder, die in der ersten Hälfte vor uns hingestellt werden, zu erklären versucht. Derartige deutende Tendenzen schwächen die direkte, starke Wirkung der reinen Bilder.

Dennoch ist es so, daß bis zu einem gewissen Grade sogar solche »Einseitigkeiten« dadurch, daß wir diese Texte nicht sprechen oder lesen, sondern *singen*, durch den warmen, rhythmisch pulsierenden Klangstrom wieder ins Gleichgewicht gerückt werden. Sie versinken weitgehend darin, sobald Ton und Rhythmus hinzutreten. Dies war vielleicht auch der Grund, warum Martin Luther vor allem das Singen als *das* Mittel ansah, um die Glaubenswahrheiten und Heilstatsachen, die man »wußte« und »kannte«, tief in die Herzen der Menschen einzusenken: *Gib, daß nicht bet' allein der Mund / hilf, daß es geh' von Herzensgrund*, dichtet Luther in seinem Lied *Vater Unser im Himmelreich*. Und er fährt fort: … *auf wir*

Ich heb mein Augen sehnlich auf

Psalm 121

Heinrich Schütz 1585

Wenn das Bewußtseinselement überwiegt, entstehen Texte wie dieser (aus *Ales diei nuntius* von Aurelius Prudentius Clemens, 348 – ca. 410):

Ales diei nuntius
(Prudentius, 348 - nach 405)

Des Tag's geflügelt' Bote kündet
das Licht, das Dunkel überwindet:
Christus, der Seelen-Wecker, ruft
ins Leben aus der Todesgruft.

7. Hic somnus ad tempus datus
est forma mortis perpetis,
peccata ceu nox horrida
cogunt iacere ac stertere.

7. Es ist der Schlaf wohl in der Zeit
Abbild der Todes-Ewigkeit,
gleichwie die schwere Sündennacht
uns niederzwingt mit Übermacht.
(Übersetzung: Frank Berger)

Man sieht hier deutlich, wie jeweils die zweite Hälfte jeder Strophe die Bilder, die in der ersten Hälfte vor uns hingestellt werden, zu erklären versucht. Derartige deutende Tendenzen schwächen die direkte, starke Wirkung der reinen Bilder.

Dennoch ist es so, daß bis zu einem gewissen Grade sogar solche »Einseitigkeiten« dadurch, daß wir diese Texte nicht sprechen oder lesen, sondern *singen*, durch den warmen, rhythmisch pulsierenden Klangstrom wieder ins Gleichgewicht gerückt werden. Sie versinken weitgehend darin, sobald Ton und Rhythmus hinzutreten. Dies war vielleicht auch der Grund, warum Martin Luther vor allem das Singen als *das* Mittel ansah, um die Glaubenswahrheiten und Heilstatsachen, die man »wußte« und »kannte«, tief in die Herzen der Menschen einzusenken: *Gib, daß nicht bet' allein der Mund / hilf, daß es geh' von Herzensgrund*, dichtet Luther in seinem Lied *Vater Unser im Himmelreich*. Und er fährt fort: ... *auf wir ja nicht zweifeln dran / was wir hiemit gebeten han.* Der Mensch kann sich durch das Singen (Glaubens-)Wahrheiten zu eigen machen. Man könnte das als ein »Sich-Einsingen« bestimmter Gedanken bezeichnen. Auf diesem menschenkundlichen Tatbestand basieren zum Beispiel die sogenannten *Katechismuslieder.*

Doch auch der umgekehrte Prozeß spielt im Kirchenlied eine zentrale Rolle: das »Sich-Aussingen«, das spontane, einer starken inneren Erregung entsprungene, von Begeisterung erfüllte Singen, wobei die Worte, die man singt, eigentlich erst noch geboren werden müssen. Wo die Worte (noch) fehlen, da entsteht ein spontaner *Jubilus*, ein *Allelujah*, ein *Amen* – älteste religiös-musikalische Äußerungen; Klangsprache, noch keine »Begriffssprache«.

Ein Element, das jenes »Sich-Einsingen« stark unterstützt, ist der *Reim.* Er steht gewissermaßen zwischen dem reinen Wort (Text) und dem reinen Klang. Als rhythmisch wiederholter Klang (als reine Lautgestalt) stellt er doch eine geheimnisvolle Verbindung zum Inhaltlich-Sinnhaften her: Alle Worte, die durch gleiche Reimlaute charakterisiert sind, stehen dadurch plötzlich in einer untergründigen Verwandtschaft zueinander. Musikalisch-Klangliches wirkt hier sinnstiftend auf der Ebene des Sprachlichen.

Ähnlich wirkt der *Rhythmus.* Wo die Sprache einem rhythmischen Versmaß unterliegt, schließen sich Begriffe, Aussagen und ganze Sätze zu Einheiten gleicher Prägung und Länge zusammen. Auch dies wirkt einerseits so, daß dadurch Zusammenhalt, Querbeziehungen entstehen; andererseits prägen sich rhythmisierte Wort-Gestalten viel tiefer ins Unterbewußtsein ein als Prosaformen. Ein Text läßt sich, wenn er in Versform gekleidet wird, viel leichter merken und erinnern. Beim Lied wird das durch Taktart und Kadenzwirkungen (die oft mit den End-Reimen zusammenfallen) noch verstärkt.

Nicht ohne Grund haben die Dichter christlicher Hymnen und Kirchenlieder von den ersten Anfängen an Bild, Reim und Rhythmus bewußt verwendet, um die Eindringlichkeit der Texte zu erhöhen (siehe unsere Beispiele). Sie dringen dadurch tiefer in die verschiedenen Seelenschichten ein. Kann man das bildhafte Element noch dem bewußteren, denkend nachvollziehbaren Bereich zuordnen, so spricht der Reim schon den mehr gefühlsmäßigen, halb unbewußten Bezirk in uns an.

Der Rhythmus schließlich wird zunächst ganz im unbewußten Willens-Bereich der Bewegungsimpulse erlebt.

Dies war in Zeiten der Christianisierung Europas oder der »Umerziehung« der Seelen zu neuen Denk- und Empfindungsgewohnheiten im Zeichen der Reformation gewiß ein berechtigtes, unabdingbares Mittel. So sind zum Beispiel (vor allem im calvinistischen Lager) verschiedene »Reimpsalter« entstanden. Der Wirkung solcher lautrhythmisch-reimgetragenen Dichtungen kann man sich, vor allem, wenn sie von genialen Komponisten überhöht wird, nur schwer entziehen. Dazu ein Beispiel aus Heinrich Schütz' *Becker-Psalter* (siehe S. 34).

Heute sind wir geneigt, diesen Bereich des Rhythmisch-Reimmäßigen eher den Kindern zu überlassen. Höchstens noch bei Familienfeiern und Richtfesten üben wir uns gerne darin – mit entsprechenden Resultaten... Auch in der modernen Dichtung sind Reime fast verpönt bzw. werden nur als exotisches Mittel zur Erzielung ganz bestimmter Wirkungen eingesetzt. Man möchte frei, emanzipiert sein von derartigen Bindungen. Gereimte, rhythmisierte Sprache hat für uns leicht etwas »Vorgekautes«: die Gedanken und Empfindungen werden durch sie in bestimmte, vorgegebene Bahnen gelenkt. Und das ist uns heute im allgemeinen eher unangenehm. Man fühlt sich rasch missioniert, indoktriniert. Um genau diese Wirkung ging es den Reformatoren und Kirchenlieddichtern aber. Die Frage ist, ob dies heute, im Zeitalter der individuellen Freiheit, noch richtig ist.

Diese Frage spielt zur Zeit in den Konfessionskirchen eine untergeordnete Rolle. Zum einen orientiert man sich dort (vor allem im katholischen Bereich) musikalisch gern an der freieren Rhythmik des *Gregorianischen Chorals* oder der Frührenaissance (Distler). Andererseits wird im Sprachlichen das Prinzip des Reimes und des Versmaßes aber selbst von bedeutenden Dichtern wie Jochen Klepper oder Rudolf Alexander Schröder nicht aufgegeben.

Ich heb mein Augen sehnlich auf

Psalm 121

Heinrich Schütz 1585 - 1672

In den Liedern, die für die Christengemeinschaft entstanden sind, wird eher der umgekehrte Weg beschritten. Man verzichtet gerne auf die regelmäßige Rückkehr in den bergenden Hafen des Reimes und die haltgebende Kraft des Versmaßes. Statt dessen werden rein musikalische Faktoren (Motivisches, rhythmische Figuren) zu Strukturträgern. Ein deutliches Beispiel hierfür ist folgendes Lied von *Siegfried Thiele* (*1934), einem Komponisten, dem die Christengemeinschaft unendlich viel verdankt. Der Text ist von dem 1987 verstorbenen Priester Gerhard Wöhrmann:

Ergangen ist der Ruf

Es gibt hier einen deutlichen Leit-Rhythmus (♩♩.♪♩♩), der am Anfang jeder Verszeile einmal auftritt. Allerdings: gegen Ende verschiebt sich der Ort, wo dies geschieht – der Rhythmus erscheint am *Ende* der Zeile. Schließlich metamorphosiert sich der punktierte Rhythmus in der letzten Zeile zu etwas ganz Neuem, noch nicht Dagewesenem: ♩♪♪♩♩. Das Regelmäßigwerden des Rhythmus erweist sich als das Ziel des ganzen Prozesses. Auch das Ziel des Liedes, die Frage nach dem Opferwillen, ist hier erreicht. Der musikalische Verlauf ist hier Spiegel eines inhaltlichen und seelischen Weges.

Es mag auffallen, daß dieses Lied (wie viele Lieder der Christengemeinschaft) nur eine einzige Strophe hat. Doch der ganze Prozeß, um den es geht, ist in dieser einen Strophe enthalten. Dieser Prozeß vollzieht sich in einzelnen Schritten, die melodisch dadurch erkennbar werden, daß von einer neuen Tonebene aus angesetzt wird (zuerst c, dann g, d und schließlich es). Weitere, melodisch gleiche Strophen würden hier keine Steigerung, sondern eine Abschwächung bedeuten.[13]

Daß dies so ist, hängt stark mit dem Text zusammen. Es wird ein einmaliger, unwiederholbarer Weg beschrieben, dessen Stationen klar und bildhaft (imaginativ) genannt sind: der Ruf – die Schwelle – der Hüter – das Licht – das Mahl. Jetzt geht es ins inspirative Element über: das Wesen des Hüters *spricht*, und dieses Sprechen zeitigt Wirkungen in uns, die, anthroposophisch betrachtet, in den Bereich der Intuition führen. Die Willenssphäre, die Sphäre des Handelns, wird angesprochen.

Der Text benutzt zwar noch ein Grund-Versmaß (man spreche und vergleiche einmal Zeile für Zeile), benutzt aber keine Endreime mehr. Statt dessen gibt es gelegentlich anklingende *Stabreime* (Wesen – Wort; Wer – willens). Beeindruckend ferner die kühne Wortwahl und die freie Gestaltung des Ganzen.

Dieses Lied ist in jeder Hinsicht sehr anspruchsvoll. Nicht nur der Melodieumfang, auch das Umsetzen des Inhaltes verlangt der Gemeinde einiges ab. Und sicherlich wird es notwendig sein, solch ein Lied übend zu verinnerlichen, bevor es im Kultus gesungen wird. Doch dann kann es seine Wirkung voll entfalten – möglicherweise sogar besser als das routinierte Absingen eines vertrauten, alten Kirchenliedes.

Singen fällt uns heute schwerer denn je. Wir müssen es uns mühsam und bewußt wieder erarbeiten. Wenn wir aber wieder »auf Null« anfangen müssen, ist es dann nicht besser, dies mit neuem, unserer Bewußtseinslage entsprechendem Liedgut – mag es zunächst auch noch bescheiden sein – zu tun, als auf vielleicht längst Abgelegtes, Überlebtes zurückzugreifen? Daß wir uns dabei von manchem uns teuren Kirchenlied verabschieden müssen, ist sicher schmerzlich. Das oft beschworene »Neue Lied« ist – wie alles Neue – zunächst einmal mit Mühe und Arbeit verbunden!

Vom Kyrie zum Gloria – Das Gemeindelied im Spannungsfeld zwischen Bitten und Danken

In der Liturgiewissenschaft ist manchmal von der »Kyrie-Gloria-Struktur« der Messe die Rede. Damit wird gemeinhin der große Spannungsbogen umschrieben, unter dem der Weg durch den Gottesdienst steht. Wir beginnen als unwürdige, bittende Geschöpfe (*Kyrie eleison*: Herr, erbarme Dich unser), doch wir werden trotz dieser Unwürdigkeit der göttlichen Gnade teilhaftig. Ausdruck dieses Geschehens ist die *Kommunion*. Aus dem Erleben der Rettung und Heilung von der Sündenkrankheit entsteht die rechte Stimmung des »Gloria«, des Lobens und Dankens (*Gloria in excelsis Deo:* Ehre sei Gott in den Höhen). Diese beiden Pole bilden gleichsam die unabdingbaren Eckpfeiler, ohne die es keinen inneren Weg durch die Messe geben kann. Auch J. S. Bachs sogenannte »lutherische Messen«, kurze Meßkompositionen, in denen nur die wesentlichsten Teile der Messe vertont sind, umfassen immerhin die Sätze *Kyrie* und *Gloria*.

Selten ist wohl diese Polarität zwischen dem Erleben der inneren Unwürdigkeit und dem dennoch möglichen Empfangen der Genesung durch die Kommunion klarer formuliert worden als von Rudolf Frieling:

Müßte die geforderte Würdigkeit darin erblickt werden, daß der vor der Kommunion stehende Mensch innerlich dem Göttlichen ganz und gar, durch und durch angemessen zu sein hätte, dann dürften wir an die Kommunion nicht herantreten. – Aber so ist es nicht. Christus ist ein Heiler, ein Arzt, und sein heiliges Mahl ist eine Arznei. Und es wäre doch wohl widersinnig, wenn ein Arzt zum Kranken sagen wollte: »Hier bringe ich dir eine Arznei, aber die Bedingung für das Einnehmen ist, daß du vorher gesund wirst.« Die Arznei soll ja gerade gegen die Krankheit angehen und die Gesundheit erst herbeiführen helfen. So kann die Würdigkeit für die Kommunion wohl nicht darin bestehen, daß wir vorher erst ›vollkommen‹ werden müßten ...

Dennoch bedarf die Gesundung einer gewissen Vorbereitung und »Eigenarbeit«. Sie besteht außer im Aufruf unserer Verehrungs- und Anbetungskräfte in der Tätigkeit der Selbstprüfung: *An dem Menschen ist es nun, ›sich selbst zu prüfen‹, seine Unvollkommenheit, seine bei allem guten Willen dennoch bestehende ›Unangemessenheit‹ an das Göttliche zu erkennen. Die christliche Altarhandlung läßt seit altersher dem Empfang des Leibes Christi das Wort des Hauptmanns von Kapernaum vorangehen: »Herr, ich bin nicht würdig, daß Du unter mein Dach eingehst.« ... Worin also liegt die ›Würdigkeit‹? Zunächst in der fromm verehrenden Einstellung. Aber gerade aus ihr heraus muß die Selbst-Erkenntnis unserer Unangemessenheit in Demut erfolgen, dann macht uns gerade das Bewußtsein unserer Unwürdigkeit würdig.*[14]

In diesem Lichte betrachtet, wird es verständlich, daß selbst die Buß- und Klagepsalmen des Alten Testaments, die in der Finsternis der Gottverlassenheit anheben, dennoch mit Preisungen enden. Der Gewißheit der Erlösung muß zunächst die schmerzhafte (Selbst-)Erkenntnis der eigenen Schuld, Unvollkommenheit, Unreinheit, aber auch das Erleben der Gottverlassenheit – kurz die innere *Reinigung* (Katharsis) vorangegangen sein. Als Beispiel sei hier der 22. Psalm (in der Übersetzung Rudolf Frielings) angeführt:

Mein Gott, mein Gott, warum hast du mich verlassen?
Weit weg ist, was mein Heil wäre.
Ich kann es nicht er-rufen.
Du Gott meines Ich – ich rufe des Tages
und Du antwortest nicht.
Und auch des Nachts
gibt es kein Schweigen für mich ... (V. 1-3)
Errette mich aus dem Rachen des Löwen!
Und von dem Einhorn errette mich! (V. 22)

Das ist die Stimmung des *Kyrie eleison*, der Ausgangspunkt des Bogens. Am Ende aber steht die Gewißheit der Erhörung, der Erlösung:

Ich will Deinen Namen verkünden meinen Brüdern,
inmitten der Gemeinde Dich lobpreisen.
Die ihr den Herrn fürchtet, lobpreiset ihn!
Ihn scheue aller Same Israels.
Denn er hat nicht verachtet die Armut der Armen,
und er hat sein Angesicht nicht vor ihm verborgen,
und als er zu ihm schrie, erhörte er ihn.
Dich preist mein Lobgesang in der großen Versammlung ... (V. 23-26)

Dies ist die Stimmung des großen Lobgesanges, des *Gloria*. Rudolf Frieling weist mit Recht darauf hin, daß der Psalmist das Wunder der eigentlichen Wende verschweigt – das *Kyrie* geht unmittelbar in das *Gloria* über; und wir müssen da, wo *der Text zwischen Todesnot und Erlöst-Sein gleichsam nur einen Gedankenstrich setzt, die Tat von Golgatha hinstellen. Liest man den Psalm zu Ende, so findet man doch einen Hinweis auf das, was in ihm verschwiegen ist: der Psalm endet mit den Worten »denn er hat es getan«.*[15]

Dieser »Gedankenstrich« umfaßt also den entscheidenden Prozeß: die Wirkung der Christus-Tat, des Christus-Opfers, die Welten-Katharsis. Und sie ist auch der eigentliche »Inhalt« des großen Bogens zwischen *Kyrie* und *Gloria*.

Es gibt im Verlauf der Menschenweihehandlung Stellen, an denen sich die Qualitäten »Kyrie« und »Gloria« gewissermaßen verdichten. Gleich zu Beginn, wenn er sich zur Evangelienlesung anschickt, spricht der Priester ein Gebet des Inhaltes, daß sein Wort, sein Herz rein sein mögen. Das Wort möge würdig auf seinen Lippen leben. Ähnlich am Ende der Opferung: Eine Mauer möge seine Irrung hindern, um ihn zu strömen, das Böse sei seinen Worten entnommen. Auch hier erscheint das Motiv der Reinigung, auf daß die göttliche Gnade »herniedersteigen« kann. Auch hier das Motiv der Katharsis, der Umschmelzung, ja Verbrennung des Alten: Es ist die Rede vom Feuer und von der Flamme, das Zeitgebundene, Vergängliche wird weggebrannt, auf daß »zeitloses Sein« entstehen kann. In der Opferung erscheint das Motiv des Unwürdigseins in höchster, existentieller Konzentration.

Noch einmal, vor der Kommunion, erscheinen dann Worte, die den Zustand der Unwürdigkeit als zusammenfassende Diagnose einer

Krankheit nennen. Ihnen liegen die Worte des Hauptmanns von Kapernaum zugrunde. Die Worte der Menschenweihehandlung sind dabei selbst Ausdruck und Stimulans jener »Selbstprüfung«. Das »Ich bin nicht würdig« ist Diagnose und Erkenntnis des eigenen Zustandes zugleich und damit bereits Heilfaktor an sich.

Unmittelbar darauf folgt dann das Empfangen der »heilenden Arzenei« in der Kommunion. Durch sie wird immer wieder jener Heilungsprozeß in Gang gebracht, von dem oben die Rede war. Er setzt sich außerhalb des Kultus im täglichen Leben und Handeln fort, muß aber immer wieder erneuert werden, da es eine endgültige, definitive »Erlösung«, eine vorauswirkende Generalabsolution im irdischen Dasein aufgrund des Prinzips der menschlichen Freiheit nicht gibt. Es gibt aber so etwas wie eine »partielle« Heilung, die immer wieder fortgesetzt werden kann. So ist die Stimmung des Friedens und der Dankbarkeit nach der Kommunion eine reale Tatsache.

Die Gemeindegesänge in der Menschenweihehandlung

Nun gibt es, wie wir sahen, ganz bestimmte Schwellen nach der Opferung und nach der Kommunion, an denen die beiden *Gemeindegesänge* erklingen. Betrachtet man diese Stellen im Lichte des soeben Dargestellten, so fällt auf, daß sie genau jene Zweiheit, jenes Spannungsfeld zwischen dem Bewußtsein der eigenen Unwürdigkeit und dem Erlöst-Sein markieren. Musikalisch gesprochen würde man sagen: das Spannungsfeld zwischen Bitt- und Dankgesang. Hiermit sind älteste menschlich-musikalische Äußerungen angesprochen, die auch im kultischen Zusammenhang stets eine zentrale Rolle gespielt haben. Zahlreich sind die Lobgesänge im Alten und Neuen Testament. Man denke nur an das Lied des Mose nach dem Durchzug durch das Rote Meer oder den Lobgesang Marias, das Magnifikat. Auch bei Paulus und, in höchster Steigerung, in der Apokalypse des Johannes finden sich hymnische »Cantica«. Doch auch der Gegenpol, die Klage, erscheint oft. Bekannt sind die Bußpsalmen oder die Klagelieder Jeremias. All diese Gesänge sind, zumindest als Wortgebilde, so geläufig, daß wir sie hier nicht zu zitieren brauchen. Viele von ihnen hatten oder haben noch heute ihren Ort in den Liturgien der christlichen Kirchen.

Dies ist in der Menschenweihehandlung nicht der Fall, zumindest nicht in der alten Weise. Denn es gibt keine festgelegten, an bestimmten liturgischen Stellen immer wiederkehrenden Gesänge. Es gibt aber jene zwei Schwellen, an denen gesungen wird. Und der Charakter dessen, was da gesungen wird, ist in einem neuen, allgemeineren Sinne »festgelegt«, nämlich: aus dem Gang der Handlung und dem inneren Prozeß hervorgehend. Denn im Gesang nach dem Offertorium setzt sich – wir haben das im ersten Kapitel beschrieben – die Dynamik der Opferung gesteigert fort. Sie ist nicht nur sichtbar bis in die Gebärden und Vorgänge, sie wird jetzt sogar hörbar. Der Grundcharakter des Singens an dieser Stelle ist der des *Bittens*, des Anrufens, der suchend-fragenden Hinwendung zur Gottheit. Ein schönes Beispiel für diese Geste ist folgendes Lied:

Der du die Liebe bist

Gerhard Wöhrmann

Thomas Reuter

Der fragend-bittende Gestus ist hier – und das ist wesentlich und entscheidend – nicht nur im Text des Liedes, sondern auch in den Tönen selbst eingefangen. Ähnlich verhält es sich mit folgendem Lied von Siegfried Thiele:

Du, dem wir betend nahn

Gerhard Wöhrmann

Siegfried Thiele

Diese beiden Beispiele haben einen mehr allgemeinen, an keine bestimmte Festeszeit gebundenen (trinitarischen) Charakter. Natürlich prägt der Charakter einer Festeszeit auch die Lieder entsprechend. Der Gemeindegesang nach der Opferung erhält dadurch einen zusätzlichen »Einschlag«.[16] Ein anspruchsvolles Beispiel für einen Wechselgesang in der Michaeli-Zeit ist das Lied ›Wie strahlet Liebe erweckend der Raum deiner Wohnung‹ von Lothar Reubke (siehe folgende Seite).

Solche Lieder erzeugen, wenn sie gut vorbereitet und begleitet werden, eine starke Intensivierung der Intentionen und des Gemeinde-Gefühls.

Wie strahlet Liebe erweckend (Wechselgesang)

Nach Psalm 84

Lothar Reubke

Es wäre schön, aber wirklichkeitsfremd, wenn sich im Kreis der Festeszeiten alle Lieder immer in gleicher Weise und gleichem Duktus darstellten. Doch so ist es nicht. Es gibt zum Beispiel Zeiten, in denen die geistige Welt dem Menschen näher ist als sonst und in anderer Weise in den Kultus hineinragt. Das ist in der Weihnachtszeit der Fall. Umgekehrt kann man sagen, daß auch der Mensch in diesen zwölf Tagen und Nächten der geistigen Welt nähersteht – und anders singt. In dieser Zeit erklingt der erste Gemeindegesang nicht unmittelbar im Anschluß an die Opferung, sondern nach einer Einschaltung, in der die Hierarchien angerufen werden. Es ist dort die Rede vom »Einstimmen« des Menschen in deren »Opfersang«. So tritt die »menschliche« Komponente des Kyrie in dieser Zeit ganz zurück zugunsten der Teilnahme am kosmischen Gloria. Hier ist der Opfersang nicht Bitt-, sondern Lobgesang, Hymne, Te Deum (siehe rechts).

Ähnlich differenziert müssen die anderen Festeszeiten betrachtet werden. Auch wenn die Menschenweihehandlung in Verbindung mit der Priesterweihe oder der Konfirmation gefeiert wird, treten weitere Gesichtspunkte in den Vordergrund, die das Grundprinzip variieren.[17]

Gott, wir loben dich

Nach dem "Te Deum", 4. Jahrhundert

Lorenz Stolzenbach

*

Ganz anders klingen die Lieder nach der *Kommunion*. Das vorwärtsdrängende, willenhafte Element der Opferungslieder ist hier weniger ausgeprägt. Statt dessen: ruhiges, atmendes Ausströmen, einfache, gelöste Gesten. Wie kann die Atmosphäre dieser »Stelle« beschrieben werden? Vielleicht ist der Gesichtspunkt der Heilung, ja Heiligung, die das Sakrament der Kommunion bewirkt, auch für das Musikalische fruchtbar: Wer die Heilungen in den Evangelien studiert, wird bemerken, daß die Geheilten anfangen Gott zu loben und zu preisen. So sind es *Lobgesänge*, die hier erklingen:

Lobe den Herrn, meine Seele

Psalm 103, 1-2, 11,17

Joachim Riedel

Auch die verhaltenere Seelen-Bewegung des *Dankens* kann zum Lied werden. Ein Text aus dem 36. Psalm[18], der seit alten Zeiten immer wieder im Umkreis der Kommunion auftaucht, liegt folgendem Lied zugrunde:

O Herr, wie kostbar ist deine Gnade

Frank Berger

Hier sei ein Hinweis auf eine nicht-liturgische, aber dennoch verwandte Situation gestattet: Beethovens *Heiliger Dankgesang eines Genesenen an die Gottheit in der lydischen Tonart*, jenes Adagio aus dem a-moll Quartett op. 132 (1825), das er nach einer Erkrankung schrieb. In dieser Musik lebt derselbe Gestus, dieselbe Erfahrung, ins Absolut-Musikalische übertragen.

Eine weitere Komponente, die in Kommunionsliedern zum Ausdruck kommen kann, soll zum Schluß noch genannt werden. Wir sprachen davon, daß Eigenarbeit in Form von Selbstprüfung und Selbsterkenntnis zur Vorbereitung auf das Vollziehen der Kommunion gehört, wenn sie in rechter Weise wirksam sein soll. Es gibt Lieder, die wie eine Frucht dieser Anstrengung wirken. Diese Lieder haben Texte, die primär weder Dank- noch Preisgesang sind, sondern sich wie die Frucht eines *Erkenntnisprozesses* darstellen. Ein Beispiel:

tronische Musikinstrument nach der Orgel benannt wurde (»Hammond-Orgel«), ist vielsagend. Die technisch-mechanische Komponente stand bei diesem Instrument von jeher im Vordergrund: die aufwendige mechanische Verbindung (Traktur) von der Taste zur Pfeife, die durch ein Ventil geöffnet wird, die Windmaschine, die für die Luft sorgt u.s.w. lassen die Imagination einer riesigen »Musikmaschine« entstehen.

Daß wir diesem Element im Bereich des Kultus mit gemischten Gefühlen begegnen, ist berechtigt und verständlich. Wer nur diese Tatsachen ins Auge faßt, wird leicht zu einer ablehnenden Haltung kommen. Die Orgel ist dermaßen »belastet« durch ihre Vergangenheit und ihre Beziehung zum mechanischen, ja untersinnlichen Weltbereich, daß es vielleicht besser wäre, sie draußen vor der Kirchentüre zu lassen. Überdies wirkt sie – und das hängt stark mit jener Beziehung zusammen – geradezu magisch-manipulativ: wer einmal das volle »Tutti« einer Orgel über sich hat ergehen lassen, weiß, was das heißt. Ein »Freiheitsmoment« im Hören kann da nicht aufkommen.

All diesen Fragen ließen sich noch viele andere hinzufügen, die wohl in ähnliche Richtungen gehen und ein »negatives« Urteil nur weiter untermauern dürften. Aber, wie so oft, gibt es auch hier Gegenaspekte, die dazugehören, häufig jedoch schlichtweg übersehen werden. Und diese Tatsachen müssen unbedingt berücksichtigt werden, will man zu einem ausgewogenen Bild kommen.

Auf der Suche nach der »Urorgel«

Zunächst sollen einige Urteile, denen man häufig begegnet, hinterfragt werden.

Da ist zum Beispiel die Redeweise von »der Orgel« und ihren Eigenschaften. Aber »die« Orgel schlechthin gibt es in Wirklichkeit nicht! Tatsache ist, daß es im Grunde keine zwei Orgeln gibt, die einander völlig gleichen. Wohl kein anderes Instrument begegnet uns in so vielen verschiedenen Erscheinungsformen wie die Orgel. Jede Orgel ist ein ganz individuelles Exemplar. Von einer »Gattung Orgel« zu sprechen, wie man von der Gattung Holzbläser, Streicher oder Schlaginstrumente sprechen kann, führt eigentlich in eine Sackgasse, obwohl man sagen kann, daß sie ein mechanisiertes Blasinstrument ist. Zum Vergleich: Der individuelle Mensch wäre absolut ungenügend charakterisiert, wenn man ihn einfach als der »Gattung Säuger« angehörig bezeichnete. Auch rein historisch hat die Orgel derart viele Erscheinungsformen durchgemacht, daß die Rückfrage berechtigt ist: wenn du von »der Orgel« sprichst, von *welcher* Orgel redest du dann? Renaissance-, Barock- oder romantische Orgel? Spanischer, niederländischer, norddeutscher Typ? Mit welchen und wievielen Registern ist sie versehen? Wer hat sie erbaut, umgebaut, erweitert? Wo, in welchem geographischen, architektonisch-akustischen und geistigen Raum steht sie? Welche liturgischen oder weltlichen Funktionen hat sie? Und – die Frage läßt sich leider nicht ausklammern – wer spielt auf ihr …?

Wenn man also überhaupt von »der« Orgel sprechen will, so müßte man auf den *Urtypus* zurückgehen, die »Urorgel« also, analog der Urpflanze, wie sie Goethe suchte. Dies ist durchaus mühevoll. Und leider, das muß immer wieder schmerzlich konstatiert werden, unterzieht man sich, auch in der Christengemeinschaft, dieser Mühe nur sehr selten. Die Folge dessen sind aber häufig – Fehlurteile.

Auch wir können dies, zumal an dieser Stelle und in dieser Form, nur unvollkommen leisten. Doch die Notwendigkeit steht vor uns, einfach der Tatsache wegen, daß wir nicht ohne weiteres das Instrument, welches das Werden der christlichen Kirche jahrtausendelang treu begleitet hat, totsagen können, ohne zu wissen, *wen* wir da eigentlich zu Grabe tragen! Anfängliche Antworten könnten in folgender Richtung liegen:

Wir sagten soeben, die Orgel ist ein mechanisiertes Blasinstrument. Und: Orgeln sind so absolut individuelle Vertreter ihrer »Gattung« wie die Menschen solche der ihren. Hier haben wir einen Schlüssel, der uns weiterführt. Denn ein Blasinstrument ist der »herausgesetzte« Atemmensch. Und ein gleichermaßen »menschlicher« Zug der Orgel ist ihre »Individualität«, welche die einzelnen Exemplare unverwechselbar macht.

Die Beziehung zur Luft-Atem-Organisation des Menschen drückt sich in den Namen vieler Einzelteile aus. So heißen die Register auch »Stimmen«, der Ort der eigentlichen Tonbildung »Labium« (Lippe) und »Mund«. Eine Pfeife pfeift nicht, was an sich der analoge Ausdruck wäre, sondern sie »spricht« oder »singt«, es gibt Pfeifen, die mehr Lippe sind (Labiale) und »Zungenpfeifen«. Manche haben »Bärte« (vom Bakkenbart bis zum Rollbart sind alle Varianten vorhanden). Die »Bälge«, die den »Wind« halten und schöpfen (wenigstens taten sie das früher), sind eindeutig der menschlichen Lungenfunktion nachgebildet.

Hinsichtlich der Gestalt der Pfeifen gibt es anatomische Benennungen wie Kopf, Hut, Fuß, Stiefel. Sie haben alle erdenklichen Konstitutionen; so gibt es Pykniker und Leptosome unter ihnen; lange, dünne Vertreter mit näselnd-intellektuellem Timbre stehen dicklichen, flötig-ölig klingenden gegenüber usw. Man mache einmal den Versuch und schaue sich z.B. während einer U-Bahn-Fahrt Zeitgenossen auf ihre Ähnlichkeit mit entsprechenden Orgelpfeifen-Formen hin an. Verblüffende Resultate werden garantiert!

Das Blasinstrument Orgel erschöpft sich nicht in der Imitation von Flöten, was ja der zunächst naheliegendste Gedanke wäre. Auch Oboen, Klarinetten, Hörner und Trompeten sind mit von der Partie. Ja sogar Streicher (*Gambe*, *Viola* etc.) und selbst Menschlich-Stimmähnliches tönen in ihr (*Vox humana*, *Jungfrauenregal*). Glockenspiel-Klänge, Xylophon und anderes Schlagwerk können täuschend echt nachgeahmt werden. Die Orgel ist wie ein ganzes Orchester. Und wenn Rudolf Steiner einmal sagte, ein Orchester sei wie ein Abbild des ganzen Menschen, so kann das auch für die Orgel gelten. Allerdings muß man fragen, *welcher* Mensch hier abgebildet wird. Denn es ist nicht der *unmittelbar* herausgesetzte Mensch wie dort, sondern ein *indirekt-mittelbarer*.

Das macht ja gerade das Wesen der Orgel aus: Nicht aus der subjektiv-unmittelbaren Wesensäußerung heraus, vom warmen Atembereich des Unverstellt-Seelischen her werden ihre Töne gebildet, sondern aus einem indirekten, »distanzierten« Verhältnis heraus. Die direkte Bindung an die Leiblichkeit des musizierenden Menschen ist so gut wie aufgehoben. Nur über ein Gestänge, im Extrem sogar eine nurmehr rein elektrische Verbindung, kann er noch in Beziehung treten zum Ort der Tonbildung, der Pfeife. Er ist also leiblich-seelisch so direkt, wie das bei den anderen Instrumenten der Fall ist, nicht mehr »dabei«. Er zieht sich aus dem unmittelbaren schöpferischen Umsetzungsprozeß (seelischer Impuls wird Atemregung – Atemregung bewirkt Tonbildung am Instrument) heraus und hört sich jetzt »distanziert«, *wie von außen* zu.

Damit ist eine Gefahr charakterisiert, in der jedoch auch eine große Möglichkeit liegt:

Die Gefahr liegt in der starken »Abstraktion«, der völligen Loslösung vom unmittelbaren Seelenwesen des Menschen. Diese Tendenz führt zum Apparat, sowohl beim Menschen als beim Instrument. Die Vision des roboterhaft-ichlosen Menschenwesens, welches *automatisch handelt* taucht hier auf. Tatsächlich sagt man ja, »die Orgel spielt« – so, als ob sie keinen Menschen mehr brauchte, der sie steuert ... Und der Organist ist immer in der Gefahr, zum abstrakten »Kopffüßler« zu werden, der in seinem Bewegungswesen dem Apparat immer ähnlicher wird. Das ist der Fluch der Orgel.

Ihr Segen, die große Möglichkeit, liegt darin, daß alles, was »Subjektivität« beim Menschen ist (und diese spielt beim Musizieren immerzu gewaltig mit!), auf der Orgel zunächst keine Chance hat. Denn die Tonbildung ist ja, wie wir sahen, dem subjektiv-unmittelbaren Zugriff so gut wie ganz entzogen! Unter diesem Blickwinkel wäre die Orgel also, der Möglichkeit nach, das »objektivste« Instrument überhaupt. Was bei anderen Instrumenten an Menschlich-Subjektivem im Ton innerlich mitschwingt und oft erst mühsam davon »gereinigt« oder »erlöst« werden muß, existiert in dieser Form bei der Orgel nicht. Sie muß den genau umgekehrten Weg gehen: was objektiv, d.h. noch ohne Bezug zur seelischen Innenwelt des Menschen wie »von außen« an uns heranklingt, muß verinnerlicht, »verseelischt«, im aktiven Hören ergriffen und angeeignet werden. Hier wird eine auffällige Parallele zu den Intentionen des Kultus, auch des erneuerten Kultus, erkennbar.

Warum gibt es dann dennoch solche Probleme mit der Orgel? Die Antwort ist nicht schwer zu finden: Weil sich so vieles in sie eingeschlichen hat, was gar nicht zu ihr gehört! So ist es z.B. (vor allem im 19. Jahrhundert) gelungen, Register zu erfinden, die eine täuschende *Imitation seelischer Tingierung* des Tones hervorbringen können. Sie hören sich wie eine Flöte, Geige, Menschen- oder Engelsstimme (!) an – und sind es doch nicht. Die elektronische Orgel treibt das auf die Spitze. Dieser »Schein von Innerlichkeit« ist eine (notwendig gewesene) Fehlentwicklung, ist eine Maske und hat mit dem eigentlichen Wesen der Orgel nichts zu tun.

Ähnlich steht es mit der *mechanisch-elektronischen Funktions-Komponente*, die die Orgel zum immer stärker perfektionierten Automaten gemacht hat. Auch sie war ursprünglich minimal entwickelt. Erst die Entwicklung ihrer pneumatischen und elektronischen Hilfsmittel, bis hin zum komplett auf Lochkarte aufgezeichneten und beliebig reproduzierbaren Orgelkonzert, hat zu jener grandiosen »Überfremdung« geführt, die wir heute erleben.

Ein dritter Punkt: das *schematisch-schablonenhafte Denken* in »Orgeltypen«, kann als unmittelbar davon inspiriert erlebt werden. Es hat heute zu einem übermächtigen Historizismus geführt, der manchen Versuch echter kreativer Neuentwicklung (Beispiel: die Orgelideen Helmut Bornefelds) erstickt hat. Nirgendwo sonst, außer vielleicht in der Theologie, gibt es so viele Dogmatiker, Systematiker und Verteidiger der »alten Werte« wie im Orgelbau! Der immer »schematisch« arbeitende Apparat fördert das Denken in schablonenhaften Dispositionsprinzipien und »Typen«. In letzter Konsequenz hat das dazu geführt, daß namhafte, international führende Orgelbauer wie Jürgen Ahrend und Johannes Rohlf (beide haben auch für die Christengemeinschaft Orgeln gebaut) heute öffentlich erklären, die Orgel sei eben ein »historisches« Instrument, und man müsse sich entscheiden, welchen Typ man als Nachbau wünscht.

Die Idee der »Universalorgel«, einem Orgeltyp, der die »stilechte« Interpretation der gesamten Orgelmusik aller Epochen und Gebiete ermöglicht, ist längst aufgegeben worden zugunsten einzelner, spezialisierter Instrumente: französisch-klassischer Typ, italienisch-frühbarock, deutsch-spätromantisch usw. Die Folge ist, daß man z.B. César Francks Orgelwerke auf bestimmten Orgeln historisch-perfekt darstellen kann, auf anderen dagegen gar nicht mehr. Die Imagination der »Urorgel«, in der alle Entwicklungsmöglichkeiten hörbar enthalten sind, scheint demnach eine »idée fixe« zu sein …

Dennoch soll die Frage gestellt werden, ob es nicht einen Ausweg, eine Erlösung aus den geschilderten »Abartigkeiten« gibt, einen Weg, auf dem wieder etwas sichtbar wird von der »eigentlichen« Orgel. Denn eines dürfte klar geworden sein: Nicht dem wehrlosen, malträtierten Instrument an sich ist die Schuld für die geschilderten Entwicklungen in die Schuhe zu schieben, sondern den Menschen, die aus ihm gemacht haben, was es ist. Ist die Orgel ein »herausgesetzter« Mensch, so sind in ihr offenbar auch die Einseitigkeiten und Versuchungen des Menschen hörbar!

Zukunftsmusik

Wir gehen im folgenden von den soeben charakterisierten drei Einseitigkeiten aus (man könnte auch andere Ansätze wählen): der *Imitation subjektiver Qualitäten* im Orgelton, dem *mechanisch-elektronischen Komplex* und der *historisch-dogmatischen Denkweise* im Orgelbau.

Geht man zurück auf älteste erhaltene Vorbilder im Orgelbau, so zeigt sich, daß die alten Orgelregister niemals reine Instrumenten-Imitatoren waren, sondern Klänge produzierten, die der menschlichen *Stimme* in irgendeiner Weise nahekamen. Dabei gab es durchaus lokale Färbungen. So ähneln die spanischen Orgelregister, besonders deren Zungenregister, dem Klang der von der spanischen Sprache (bzw. dem jeweiligen Dialekt) gebildeten Stimmen (gutturale Färbung, rollend-schnarrende »r«-Charakteristik usw.). Die italienischen Prinzipale klingen dagegen wie die Sprache, weich-singend vokalisch, mit golden-metallischem Kern. Daraus ergäbe sich heute die Notwendigkeit, Intonation und Charakter der Orgelstimmen der Menschenstimme abzulauschen. Dafür ist jedoch eine Vertiefung in das Wesen der menschlichen Stimme notwendig, denn auch sie ist heute ein großes Rätsel geworden. Wenn wir wieder wissen oder wenigstens ahnen werden, wie die menschliche »Urstimme«[19] klingt, so werden wir auch wieder neue Leitbilder für die Orgelregister gewinnen.

Noch etwas kommt hier in Betracht. Die angestrebte »Subjektivität« des Orgeltons war, wie wir sahen, aus dem Streben nach Verklanglichung innerer, seelischer Qualitäten hervorgegangen, die dem »objektiven« Orgelton zunächst fehlen. Es gibt solche subjektiv-seelischen Qualitäten in uns. Es gibt aber auch objektiv-seelische Qualitäten als Weltenqualitäten außer uns. Auch in der Natur gibt es Qualitäten wie Ernst und Trauer, Freude und Heiterkeit usw. Was die menschliche Seele im Jahreslauf an der Natur erlebt, kann als Spiegel, aber auch als Gegensatz menschlich-seelischen Innenerlebens erfahren werden. Diese Naturstimmungen und -Prozesse sind auf allen Daseinsebenen Realitäten: auch Steine und Pflanzen können Freude oder Ernst ausstrahlen.

So soll folgende These gewagt werden: nicht das Subjektiv-Seelische soll im Orgelton zum Ausdruck kommen (das leisten die anderen Instrumente besser), sondern das Objektiv-Seelische, wie es auch in den Naturerscheinungen und -Substanzen gefunden werden kann. Dieses wird in den Ton miteingebracht durch den Charakter der verwendeten Rohstoffe, der *Natursubstanzen*. Ob unsere Pfeifen aus Holz (große Unterschiede je nach Holzsorte), Kupfer, Zink oder Zinn-Blei-Legierung (unterschiedlichste Mischungsverhältnisse bewirken unterschiedliche Klangqualitäten) hergestellt sind und *wie* sie daraus hergestellt werden – das bedingt die ganz eigentümliche Charakteristik eines Registers. Der Klang der Materie selbst in ihrer jeweiligen Erscheinungsform repräsentiert Objektiv-Seelisches, d.h. losgelöst vom subjektiven Zugriff des Menschen. Es raunt und klagt dann nicht mehr das persönliche Ich des Spielers, sondern Raunen und Klagen sind Äußerungen der Schöpfung selber – objektiv, überpersönlich. Die Gefahr eines »Materialfetischismus« liegt dabei auf der Hand, und viel wird von der Art der Verarbeitung des Materials, seiner Veredelung und der Gesinnung des Verarbeitenden abhängen. Muß doch auch alle Materie, die als solche im Kultus erscheint, zuvor bereits veredelt und verarbeitet sein, weil sie in ihrer primären Naturhaftigkeit nicht brauchbar ist. Und dann durchläuft sie in Brot und Wein noch einmal stellvertretend die entscheidende Wandlung!

Zwei Wirkungen halten sich also im Gleichgewicht:
Die Orientierung am Klang der Stimme verbindet uns mit dem Innerseelischen des Menschen, dessen Ausdruck sie ist. Die Imagination der »Urstimme« hilft uns dabei, nicht ins Menschlich-Allzumenschliche abzugleiten.

Die Orientierung am Klang der Materie als solcher verbindet uns mit dem Objektiv-Seelischen, wie es draußen in der Natur erscheint. Vor dem Abgleiten in eine bloße »Klangmagie«, die auf den unverwandelten Kräften der verwendeten Materie beruht, schützt uns ein sakramentales Umgehen mit der Materie bei ihrer Verarbeitung zum Instrument. Vorbild dabei kann die Verwandlung der Materie im Kultus sein.

Das Materialhafte, und zwar das verwandelte Materialhafte, wird im Orgelbau der Zukunft meines Erachtens ein entscheidender Faktor sein.

*

Auch der mechanisch-technische Anteil kann in der Orgel zurückgedrängt werden. Längst hat sich selbst bei großen Orgeln wieder die sogenannte »mechanische Spieltraktur« gegenüber der elektrischen oder gar pneumatischen durchgesetzt. Dabei ist heute eine derart sensible Impulsübertragung vom Finger über die Taste zur Pfeife möglich, daß man meint, man »spreche« direkt mittels, ja, *an* der Pfeife. Die Indirektheit des Anschlags bei älteren Orgeln hat einer feinstnuancierbaren »Tuchfühlung« mit dem Geschehen der Tonbildung Platz gemacht.

Auch die Verwirbelung der Luft durch eine Orgelwindmaschine, die sich *immer* irgendwie im Ton bemerkbar macht, muß nicht sein. Wir brauchen keineswegs zu jenen mit Menschenkraft betriebenen Schöpfbälgen zurückzukehren, um einen ruhigen, natürlichen Luftstrom zu erhalten. Es gibt bereits Konstruktionen, die diese Funktion automatisiert haben, ohne daß man etwas davon merkt. Wer heute Technik in der Orgel will, sollte sie also da anwenden, wo sie menschliche Hilfsfunktionen erspart. Das gilt auch für die Registertraktur. Diese, elektrisch und eventuell auf Knopfdruck abrufbar, ermöglicht auch den schnellen Zugriff auf vorbereitete Einstellungen, der sonst nur mit Hilfe eines oder gar mehrerer Registranten ausführbar wäre. Gerade in der sensiblen Spielverfassung während des Kultus kann es wichtig sein, von den ablenkenden, aufwendigen Umregistriervorgängen so weit wie möglich befreit zu sein, um sich dem »Eigentlichen« widmen zu können. Auch hier gibt es bereits Konstruktionen, die zuverlässig und unhörbar arbeiten.

Mittelbar hängt mit der zunehmenden »Technisierung« der Orgel auch jene Tendenz zusammen, allem »Technischen« und der dadurch möglich gewordenen Perfektionierung des Spiels größte Geltung einzuräumen. Mit den wachsenden technischen Hilfsmitteln wuchsen auch die technischen Anforderungen an den Spieler ständig. Man darf annehmen, daß ein guter Organist der Bach-Zeit technisch nicht in der Lage gewesen wäre, ein mittelschweres Orgelstück von Olivier Messiaen (1908-1992) zu spielen, das heute zum Standardrepertoire jedes Berufsorganisten gehört… Ein Gegengewicht zu dieser Tendenz zur Perfektionierung kann in der Pflege der Improvisation, der Kunst des vorbereiteten Umgehens mit dem Nicht-Vorhergeplanten, liegen. Wir meinen hier allerdings nicht in erster Linie die streng stilgebundene Improvisation, die heute so hoch im Kurs steht – sie entartet häufig zum Jonglieren mit Mustern und Schemata -, sondern die freie (vorbereitete) Improvisation, jenes Lauschen auf Tonkonstellationen und Klangfarben, welches die Hände »ins Spiel bringt«. Dieses Improvisieren ist, wie sich gezeigt hat, in hohem Maße vom soeben dargestellten Materialhaft-Klang(farb)lichen sowie von der sensibel reagierenden Verbindung von Taste zu Pfeife beeinflußt.

*

Das 20. Jahrhundert ist das Zeitalter der Orgelideologien. Wenn sich alte, absterbende Traditionen ihrem Ende zuneigen, setzen museale, konservierende Tendenzen ein. Unter dem Deckmantel der »Wissenschaftlichkeit« macht sich mittlerweile ein erbarmungslos normierendes Denken breit, welches bereits ganze Generationen jüngerer Organisten im Sinne eines Ideals sogenannter »Historizität«, vor allem auf dem Gebiet der Barockmusik, geprägt hat. So wichtig und fruchtbar die Beschäftigung mit der Aufführungspraxis »Alter Musik« ist (das Terrain erstreckt sich von der Gotik bis zum 19. Jahrhundert), so gefährlich wird sie da, wo sie künstliche Lebendigkeit vortäuscht, die auf anderen kreativen Wegen nicht erreicht werden konnte. Historizismus wird dann zum Ersatz für eigene Inspiration im Spiel. Gegenwärtig kennen Musikstudenten die theoretischen Werke eines Quantz oder Prätorius so gut wie auswendig und wissen, wer wann wo wohl welchen Finger benutzt hat bei der Ausführung einer bestimmten Passage.

Zur historischen Aufführungspraxis gehört die historische Orgel. Und wo diese nicht (mehr) vorhanden ist, muß ein pseudohistorischer Nachbau sie ersetzen. Wir sind bereits auf diesen Punkt eingegangen. Der Generalnenner dieser Entwicklungen ließe sich kurz und bündig so umschreiben: Es herrscht heute das Ideal der *Pluriformität* verschiedenster Orgeltypen vor, eine Vielfalt, die allerdings durch eine hohe Spezialisierung erkauft ist!

Meiner Meinung nach muß dies früher oder später in eine Sackgasse führen. *Neues* kommt auf diesem Wege jedenfalls nicht zustande, höchstens perfektioniertes Altes. Zu fragen wäre, ob nicht das Ideal der *Universalität* letztlich doch weiter führt.

Wodurch zeichnet sich eine Orgel, die aus dem Ideal der Universalität heraus gebaut ist, aus? Wir meinen damit allerdings – das soll zur Vermeidung von Mißverständnissen betont werden – keineswegs jene multistilistische Superorgel, die Register und Klänge aller Länder und Epochen der Orgelgeschichte in sich vereint. Dies wäre ja im Grunde nichts anderes als eine Kombination mehrerer »Stilorgeln« in einem einzigen Instrument. Nein, etwas ganz anderes ist gemeint: eine Orgel, die eben gerade *nicht* in die starke klanglich-typenmäßige Spezialisierung hineingeht, sondern in einer *Allgemeinheit* bleibt, welche zwar sämtliche Entwicklungsmöglichkeiten der Anlage nach in sich trägt, diese aber nicht bis zum Letzten »auskostet«.

Wie läßt sich so etwas realisieren? Zwei Leitlinien seien hier kurz skizziert.

Auf der einen Seite wird bis zu derjenigen »Urform« eines Registers zurückgegangen werden müssen, die alle späteren Entwicklungszweige noch nicht aus sich herausgesetzt hat. Diese zunächst nur indirekt, nämlich imaginativ erfaßbare Urform wird sodann mit heutigen Ohren belauscht werden und befragt werden müssen. Wie würde sie *heute* klingen wollen, wenn es sie in reiner Form geben könnte? Aus dieser Befragung kann sich die Imagination so erweitern und verdichten, daß sie zu einer »aktualisierten« Version des Urbilds führen kann. Zwar wird auch diese nie den ganzen Radius des ursprünglichen Wesens zur Erscheinung bringen können – Imaginationen sind, wenn sie stark sind, so mächtig und groß, daß sie immer nur bruchstückweise in die physische Wirklichkeit überführt werden können. Aber spätere Generationen können, das sollte man nicht vergessen, denselben Prozeß immer wiederholen und dann weitere Aspekte des Bildes verwirklichen …

Dieser Ansatz kann dazu führen, daß sich bestimmte Komponenten des Orgelklanges als »ursprünglich« erweisen, während andere als »abgeleitet« erscheinen. Derartige Fragen sind nicht neu im Orgelbau. In der ersten Hälfte unseres Jahrhunderts haben Organologen wie z.B. Christhard Mahrenholz und Walter Supper im Zuge der »Orgelbewegung« die »Deszendenzreihe« der Orgelregister erforscht und ausführlich dargestellt. Daß ihre Anregungen nicht angemessen fruchtbar geworden sind, hängt damit zusammen, daß die Ergebnisse ihrer Untersuchungen beinahe ausschließlich in Richtung der spezialisierten End-Formen ausgewertet wurden, während die Frage nach der Bedeutung der Mutter- oder Stammregister, d.h. nach deren Entwicklungspotential, kaum gestellt wurde.

Dies kann hier nicht weiter ausgeführt werden. Man muß sich aber einmal klarmachen, daß die gesamten Klang- und Mischungsprinzipien im heutigen Orgelbau *als solche* Produkt eines starken historischen Selektions- und Spezialisierungsprozesses sind. Anders ausgedrückt: Die historische Orgelforschung geht nur denjenigen Bau- und Dispositionsprinzipien nach, die sich irgendwann einmal konkret herausgebildet haben. Die nicht zustandegekommenen Formen, die als Möglichkeiten veranlagt waren, interessieren sie nicht, ja sie existieren nicht für sie.

Ein Beispiel: Es herrscht heute im allgemeinen das Prinzip vor, daß zu grundtönigen Registern (16', 8', 4') die entsprechenden Obertöne separat hinzugemischt werden können und müssen. Ein gleichwertiges, aber so gut wie völlig unentwickeltes Prinzip ist das der im Grundton von Anfang an *mitschwingenden* Obertöne, wie wir es von der Quintadena her kennen. Würde man mehrere Register dieser Art in entsprechender Weise kombinieren, so ergäbe sich ein völlig andersartiges Mischungsprinzip. Eine Klangmischung höherer Ordnung entsteht. Handelt es sich – sehr schematisch ausgedrückt – beim ersten Prinzip um eine physikalisch-quantitative *Addition* von Tonhöhen und Obertönen, so geht es hier um eine ätherisch-qualitative *Sublimierung*, um einen Ausdruck Rudolf Steiners im Zusammenhang mit der Schulung der menschlichen Stimme zu verwenden. Ähnliches gilt für das Prinzip der sogenannten »überblasenden« Stimmen, in denen der eigentliche Grundton physisch eigentlich gar nicht vorhanden ist, sondern im Augenblick seines Entstehens sofort in einen Oberton (z.B. seine Oktave) »transformiert« wird.

Es hat durchaus immer wieder Ansätze gegeben, derartiges im Orgelbau zu entwickeln. Vergeblich. Das normierende Typendenken hat solche Versuche bisher immer wieder erstickt. Dabei läge gerade hier ein Mittel, zu größerer Objektivierung des Klanges zu kommen. Denn Klänge, die nicht auf rein »additive« Weise (physische Ebene) erzeugt sind, sondern durch das Prinzip der Sublimierung (ätherische Ebene), sind von vornherein ungeeigneter für subjektiv-persönliche (astrale) Tingierungen.

In diesem Zusammenhang soll noch erwähnt werden, daß mit den Prinzipien der Tonerzeugung ein anderer Faktor eng zusammenhängt: das verwendete *Tonsystem* an sich. Durch die beigemischten Obertöne (Quinten, Septimen etc.) werden den Grundtönen ständig (Ober-)-Töne beigemischt, die *so* in unserem standardisierten, »temperierten« Tonsystem nicht vorkommen. Man vergleiche nur einmal den Quint-Ton (g), der erklingt, wenn ich die fünfte Taste der C-Dur Tonleiter bei einem grundtönigen Register anschlage, mit demjenigen Quintton, der erklingt, wenn ich die C-Taste eines »quintenproduzierenden« Registers (z.B. Nasard) anschlage. Dieses »g« ist ein anderes, denn es handelt sich dabei um einen *untemperierten* Oberton. Das hier veranlagte Potential wurde bisher so gut wie ausschließlich rein klang*farblichen* Zwecken dienstbar gemacht. Es ließe sich aber auch anders einsetzen: in der Erweiterung (bzw. Modifizierung) unseres Tonsystems selbst. Der heute im Orgelbau zu beobachtende Trend zu sogenannten »alten Stimmungen«, die ja zweifellos zu einer ungeheuren Verlebendigung der Musik, vor allem der »Alten Musik«, beitragen, da Intervall- und Tonartencharakteristiken sich je nach der verwendeten Stimmung unterschiedlich ausdifferenzieren, dieser Trend entspringt derselben Sehnsucht nach einer Veränderung des Tonsystems. Auch er ist allerdings zunächst einmal nach »rückwärts«, ins rein Historische, orientiert. Doch nicht *alte*, sondern *neue* Stimmungen sind das Gebot der Stunde! Erste Ansätze dazu sind innerhalb der Christengemeinschaft bereits gemacht worden. Sie hat hier die seltene Möglichkeit, eine Vorreiterrolle im Orgelbau zu spielen!

Der große Einwand, der angesichts solcher Ideen immer wieder laut wird, ist der, daß man ja auf so konstruierten Instrumenten gar keinen »stilechten« Bach oder Reger mehr spielen könne und so weiter. Dem kann entgegengehalten werden, daß die Gültigkeit und Überzeugungskraft Bach'scher oder Reger'scher Musik doch wohl nicht vom Instrument abhängig sein dürfte. Ist es nicht eher so, daß wir sie nur noch eindimensional zu hören vermögen aufgrund unseres eingeschränkten Hör-Horizonts? Wer sagt denn, daß die Essenz alter Musik auf neuartig konstruierten Instrumenten nicht zur Entfaltung kommen kann? Vielleicht liegt in der Bach'schen oder Reger'schen Musik noch »Unerhörtes«, welches uns durch neue Instrumente erstmals zu Ohren bzw. zu Bewußtsein kommen kann!

Der andere Faktor, der Neu-Orientierung bewirken kann, ist der *Rahmen*, in dem ein Instrument gehört wird. Denn: ob Neues taugt und fruchtbar ist oder nicht, das hängt stark davon ab, wo und wie es auftritt. So kann auch gesagt werden, daß der Hör-Raum, der sich während des Kultus bildet, ein Maßstab ist, an dem alles gemessen wird, was sich musikalisch ereignet. Und daher kommt ja oft die Aversion gegen die Orgel im Kultus: sie will sich häufig nicht einfügen. Daß sie das gar nicht *kann*, liegt aber häufig an den Prinzipien, nach denen sie gebaut und intoniert ist (auf die Frage nach ihrem Spieler gehen wir hier nicht ein).

So wäre eigentlich zu fordern, daß ein Orgelbauer bereit sein muß, sich auf den *Maßstab* einzulassen, der durch das Hören im Kultus gebildet wird. Alle *von außen* herangetragenen Prinzipien erweisen sich demgegenüber als sekundär.

Wenn man die Frage nach dem »Stil« der Orgel für den erneuerten Kultus stellt, so ist zu antworten: der Kultus selbst erweist sich als »stilbildend«. Er ist der Orientierungspunkt, von dem Erneuerung und Verwandlung ausgehen. Voraussetzung dafür ist einerseits die Bereitschaft, mitgebrachte, vorgefaßte Ideen aufgeben zu können, d.h. ganz neu, »von vorne« hören und forschen zu wollen; und andererseits – nicht minder entscheidend – die Bereitschaft, *die Orgel selbst* dieser Verwandlung aussetzen zu wollen. Dazu dürfen wir sie allerdings nicht aus der Kirche herauswerfen, sondern müssen sie liebevoll mit hineinnehmen, trotz aller Hypotheken, die sie im Moment noch mit sich trägt. Vielleicht kann sich dann irgendwann einmal das Gegenbild zu ihren »heidnischen« Anfängen offenbaren ...

Gesichtspunkte zur Musik bei Bestattungen

Es gibt Situationen, in denen die Bedeutung der Musik besonders spürbar wird. Ein Beispiel ist die *Bestattung*. Eine Bestattungs- oder Kremationsfeier ohne Musik ist schlechthin undenkbar. Zugleich kommen hier alle Fragen und Probleme zusammen, die wir bisher betrachtet haben. Denn: welche Musik soll es sein? Wer entscheidet darüber? Was soll sie bewirken?

Der häufigste Fall ist wohl der, daß sich die Angehörigen eines Verstorbenen mit der Bitte an den Priester oder den zuständigen Musiker wenden, eine bestimmte Musik, die dem Verstorbenen lieb und teuer war, bei der Bestattungsfeier zu spielen. Meistens handelt es sich um klassische oder Barockmusik (langsame Sätze aus den Violinsonaten und Konzerten Bachs etwa, Mozart'sche Streichquartette oder Arien von Händel); häufig wird ein Ensemble dafür eigens »angemietet«, oder man überläßt die Wahl der Stücke den Friedhofsorganisten.

Wir wollen hier gar nicht darauf eingehen, ob die solcherart gewählten Stücke die richtigen sind, sondern die Frage stellen, ob es überhaupt möglich ist, aus den Wünschen eines Verstorbenen, die er zu Lebzeiten vielleicht einmal geäußert hat, Kriterien für die Bestattungsmusik zu gewinnen? Oder müßte nicht eigentlich die »radikale« Lösung gewählt werden – eine Ansicht, die von vielen Priestern vertreten wird –, daß zum erneuerten Bestattungs-Ritual ausschließlich »neue Musik« gehört?

Um eine Antwort auf diese Fragen zu finden, ist es gut, sich klarzumachen, welche Stimmungen bei Angehörigen und Freunden des Verstorbenen hinsichtlich des Rituals leben. Da sind zum einen die Gefühle des Verlustes, des Schmerzes, der *Trauer*. Da ist ferner das Bedürfnis nach *Trost* und Erhebung aus dem Leid. Und da sind die vielfältigen *persönli-*

chen, biographischen Dinge, die berechtigterweise in diesem Moment im Vordergrund stehen sollen: daß zum Ausdruck kommen möge, was der Verstorbene war, was er »gelebt und gelitten«, worum er gekämpft hat. Etwas von dem, was ihn erfüllte, soll im Raume schweben, die Verbundenheit mit ihm, die innere Nähe zu ihm, soll spürbar werden.

Das Bestattungsritual der Christengemeinschaft beantwortet all diese Stimmungen und Haltungen gleichsam »sub specie aeternitatis«, unter dem Ewigkeitsaspekt. Aus der Art dieses Antwortens läßt sich vieles für die Musik ableiten. – Auf die Stimmung der *Trauer*, des Verlustes erfolgt die Antwort: Versuche, alles »von der anderen Seite« zu betrachten. Was im Irdischen Tod bedeutet, ist Geburt in der geistigen Welt. Im Ritual erklingen Worte, die die Anwesenden auf diesen Aspekt aufmerksam machen und sie in diese Sicht aktiv einbeziehen: Sie sollen ihre Gedanken vom Reich des Irdischen lösen und in die Welt des grenzenlosen, außerzeitlichen Weltenseins senden, in das der Verstorbene jetzt eintritt. Diese Tätigkeit des Hinsendens der Gedanken in eine Welt, die ganz anderen Daseins-Gesetzen gehorcht, und die Erhebung der Gedanken zu dem Ort, wo die Seele des Verstorbenen jetzt weilt, kann die Gefühle der Trauer, des Schmerzes verwandeln in Zuversicht, Einsicht.

Trost im herkömmlichen Sinne spendet das Ritual eigentlich nicht. Statt dessen ruft es die Teilnehmenden auf, sich des Vergänglichkeitscharakters des Irdischen bewußt zu werden, sich davon zu lösen und sich zu erheben: »Bedenke, o Mensch, daß du dem Geiste verpflichtet bist für alles, was du vollbringst in Gedanken, Worten und im Tun.« Das Loslassen des Vergänglichen, Persönlichen, Allzu-Persönlichen, die Erkenntnis seiner Relativität, bedeutet eine Tröstung höherer Art.

Auf das Bedürfnis nach dem Zur-Erscheinung-Bringen der individuellen Lebensleistung des Verstorbenen und seines *persönlichen Wesens* geht das Ritual dadurch ein, daß der Priester eine Ansprache hält, die dies in objektivierter Form darzustellen versucht. Dabei werden durchaus auch Erinnerungen und gemeinsam Erlebtes einbezogen.

Versucht man, diese Gesichtspunkte einmal auf die Musik beim Bestattungsritual anzuwenden, ergibt sich skizzenhaft folgendes:

Eine Musik, die die »andere Seite« betont, wird weniger die irdische Stimmung der Trauer, des Schmerzes und der Klage (»Lamento«) zum

Ausdruck bringen, sondern die Erhebung in eine Dimension des geistigen Lichtes, der Zeitlosigkeit. Bei allem Ernst waltet ein musikalisches In-die-Leichte-Heben, eine innere Auftriebskraft und Helle in solchen Kompositionen. Die irdisch-taktlichen Zeitdimensionen sind häufig wie aufgehoben oder verschleiert. Diese Qualitäten kommen interessanterweise auch in manchen moderneren Werken zum Vorschein, die einen Bezug zum Tod, zum Sterben haben, so in der *Zweiten Sinfonie* Gustav Mahlers oder im *Requiem* von Maurice Duruflé.

Die Musik zur Bestattung sollte nicht »trösten, wie einen seine Mutter tröstet«, obwohl Musikalisches durchaus diese Wirkung entfaltet, was sich oft bis zur Rührseligkeit steigern kann. Ja, für viele ist das sogar der Inbegriff der Bestattungs- und Friedhofsmusik schlechthin. Welch unsägliche Sentimentalität und Schein-Feierlichkeit trieft häufig aus solcher Musik. Die Friedhofsorganisten können ein Lied davon singen. Andererseits sind dies gutbezahlte »Mucken«, für welche die Auftraggeber gerne tief in die Tasche greifen. Das hält die Praxis instand. Doch nicht gefühlstriefend soll die Musik zur Bestattung sein, sondern sie soll eine Art nüchterner Wärme und Fülle erzeugen, die eine objektive Hülle für das Ritual herstellt. Wärme lebt auch in der Zuwendung zum Verstorbenen, wie sie in der oder den Ansprachen des Priesters und der Freunde zum Ausdruck kommt. Dieses Element ist der Stimmung beim Gemeindegesang verwandt, und es ließe sich manches dafür ins Feld führen, als Trauer-Gemeinde auch bei Bestattungsfeiern der Christengemeinschaft zu singen[20].

Schließlich ist es gut, sich einmal den Gewöhnungsprozeß klarzumachen, den der Verstorbene nach dem Tode durchläuft. Alle irdischen Erinnerungen lösen sich während der ersten drei Tage nach dem Eintritt des Todes von ihm ab. Dazu gehören auch die musikalischen Erinnerungen[21]. Die Erinnerung an irdische Musik und die irdische Musikalität gehen dann, wie Rudolf Steiner oft geschildert hat[22], allmählich in die Wahrnehmung der »Sphärenmusik« über, die den Verstorbenen in wechselnder Metamorphose während seines weiteren nachtodlichen Daseins begleitet. Das bedeutet, daß auch unsere irdischen musikalischen Vorlieben und Abneigungen rasch gegenstandslos werden. Die Perspektive wird eine ganz andere. Für die Bestattungsmusik, die im allgemeinen noch in der Zeit des Umbruchs vom alten zum neuen Bewußtseinszustand erklingen wird, gilt das schöne Wort: *musica praeludium vitae aeternae* – die Musik ist ein Präludium des ewigen Lebens. Das heißt, die Musik zur Bestattung sollte sich nicht zu »weltlich« gebärden, sondern sollte sich auch an kosmischen Verhältnissen orientieren: geordnet und klar nachvollziehbar, sollte sie einen großen, ruhevollen Atem besitzen. Die Musik Bachs wurde von jeher als Spiegel kosmischer Gesetze im Irdischen empfunden. Etwas von dieser Qualität kann die Bestattungsmusik einen kurzen Moment lang hereinholen.

Für Musiker

Wenn wir die beschriebenen Kriterien zusammenfassen, ergeben sich folgende Spielhaltungen und Qualitäten:

LICHT	- musikalische Qualität: hell, klar, transparent. Töne »liegen offen« - Element der Leichte. Nicht schwer, nicht düster
WÄRME	- lebt in der Klanglichkeit und in der Tonbildung - keine Sentimentalität (Schluchzen, Wimmern, übermäßiges Vibrato)
RUHE	- gelassener Bewegungsansatz und behutsam geführte, ruhige Gesten - in der Komposition: klare Ordnung, kosmische Objektivität - Aufbau, der Notwendigkeit, nicht Willkür spüren läßt (Beispiel: Fuge)

Warum singen die Kinder in der Sonntagshandlung?

Am Ende der Sonntagshandlung, bevor der Priester die Schlußworte spricht, singen die Kinder ein Lied. Dieses Singen ist mehr als nur ein schönes, gemeinsames Lied zum Abschluß. Es ist auch – trotz der begreiflichen Neigung der Erwachsenen, es zur Stütze der Kinder oder zur Kompensation des eigenen Kirchenlied-Bedürfnisses kräftig mitzusingen – etwas, was eigentlich ausschließlich den Kindern zugehört, denen die ganze Handlung gilt.

Das Singen der Kinder ist anders als das Singen Erwachsener. Wenn wir als Erwachsene singen, so geben wir etwas von unserer Seelensubstanz weg. Wir öffnen uns, und alles, was in uns lebt, strömt mit den Tönen zusammen hinaus und wird hörbar. Ureigene, individuelle Seelensubstanz, die sich in Freude und Leid, aus Erhebung und Niedergeschlagenheit gebildet hat, äußert sich in Tönen. Singen ist ein Ausatmen. »Wem das Herz voll ist, dem geht der Mund über«, sagt Luther. Das ist zutiefst wahr. Es gilt überall da, wo Erlebtes, innerlich Durchlebtes zur musikalischen Äußerung, ja Entäußerung der Menschenseele führt, für das Liebeslied wie für die Gesänge im Kultus. So kann das immer mehr um sich greifende allgemeine »Verstummen«, das verschwindende Selbst-Singen – wir haben diese Aktivität heute großenteils an die Medien delegiert – als Krankheitssymptom erlebt werden: Die Seele vermag sich nicht mehr zu öffnen; sie kann nichts mehr »von sich geben«.

Ganz anders liegt die Sache für die Kinder. Wenn *sie* singen, ist es eher wie ein Einatmungsprozeß: Etwas strömt durch sie hindurch, zieht in sie ein. Inhalte, Bilder, Rhythmen, aber auch höhere, moralisch-übersinnliche Welt-Qualitäten. Was so erfahren wird, wird dann verinnerlicht und »verseelischt«. Singen bedeutet für die Kinder: mit der Welt kommunizieren, sich etwas »Einsingen« und zu eigen machen. Das Gesungene wird erlebt; was in der Welt ist, wird nach innen genommen, der Seele eingeprägt. Das gilt auch für das Singen in der Sonntagshandlung.

Wir sprachen im dritten Kapitel bereits über dieses Sich-Einsingen im Zusammenhang mit Bibel- und Katechismusliedern. Glaubenswahrheiten können so vertieft und verinnerlicht werden. Man kann den Eindruck haben, daß dieses Singen das »Kindheitsstadium« in uns repräsentiert – wir begeben uns noch einmal auf die Stufe, auf der wir als Kinder standen, da wir die Welt noch singend kennenlernten. Hier sind feste Reim-, Rhythmus- und Taktschemata sowie häufige Wiederholungen noch voll berechtigt. Sie unterstützen den Prozeß der Einprägung.

Um die Rolle des Singens der Kinder im kultischen Zusammenhang der Sonntagshandlung zu erkennen, ist es notwendig, es im Gesamtgeschehen dieses Rituals zu sehen. Das Lied ist nämlich das letzte Glied in einer Reihe von Vorgängen, die zusammengehören. Es handelt sich da im wesentlichen um drei Ereignisse: Zunächst geht der Priester durch die Reihen der Kinder, reicht ihnen die Hand und spricht sie an, worauf die Kinder persönlich antworten. Diese Antwort ist eine Bekräftigung, ein Jasagen. Daraufhin spricht der Priester einen Segenswunsch aus.

Es folgt das Hören des Evangeliums. Daran schließt sich direkt das Lied an. Diese Dreiheit – Anrede, Berührung und Segen – Hören des Evangeliums – Singen des Liedes – scheint mir mit einer anderen Dreiheit zu korrespondieren, die in der Menschenweihehandlung erscheint: der *Kommunion*. Dort gilt jedoch die umgekehrte Stufenfolge. Anrede, Berührung und Segen erscheinen zuletzt, nach dem Empfangen von Brot und Wein:

Menschenweihehandlung	*Sonntagshandlung*
Brot (physisch-fest)	Segen (Berührung mit dem Geistigen)
Wein (ätherisch-flüssig)	Evangelium (seelisch-lebensmäßige Ebene)
Segen (geistig-übersinnlich)	Lied (physisch-leibliche Ebene)

Es geht hier nicht so sehr um die Richtigkeit dieser (oder einer anderen möglichen) Zuordnung als solcher[23], als darum, daß auch am Ende der Sonntagshandlung so etwas wie eine Kommunion stattfindet. Allerdings besteht diese Kommunion nicht im Aufnehmen physischer Substanzen – das Aufnehmen vollzieht sich bei den Kindern im lebensmäßigen, seelischen und geistigen Bereich. Außerdem ist die Stufenfolge genau die *umgekehrte*: am Anfang steht die Berührung und der Segen (geistiger Kraftbereich), dann folgen die Bilder des Evangeliums (seelisch-ätherischer Bereich[24]) und schließlich das Lied (physisch-fester Bereich). Das Lied ist bei den Kindern also nicht Ausdruck und Medium der Erhebung aus dem Verhaftetsein an das Irdisch-Physische wie beim Erwachsenen, sondern das Gegenteil: Mittel und Hilfe zur Inkarnation. Wer Kinder beim echten Singen beobachtet, kann förmlich sehen, wie sie danach besser »geerdet« sind. Sie bekommen rote Wangen usw.

Wie läßt sich das erklären? Rudolf Steiner führte den Begriff der »Erdenreife« in die Pädagogik ein. Der Eintritt in die »Erdenreife« bedeutet mehr als das, was man im allgemeinen als Pubertät bezeichnet. Bis zur Erdenreife, die im allgemeinen um das vierzehnte Jahr herum erreicht ist, vollzieht sich ein langer Prozeß des Hineinwachsens ins Irdische (Inkarnation), der bei der Geburt, ja schon vor der Geburt seinen Anfang genommen hat. Wer ganz kleine Kinder betrachtet, die noch ausschließlich mit Muttermilch ernährt werden und noch keine gewöhnliche irdische Nahrung kennen, sieht ein Wesen, das eigentlich noch halb »im Himmel« ist. Und wenn es dann auch allmählich ins Irdische hineinwächst, so bleibt die Himmelsnähe doch noch lange erhalten. Stufenweise kommen die Kinder »herunter«. Die Lebensstationen dieses Herunterkommens sind zunächst durch Kindergarten- und Schulreife, endlich durch die Geschlechtsreife die biologische Erwachsenheit (Reproduktionsfähigkeit) markiert. In der Christengemeinschaft wird diesem Tatbestand Rechnung getragen: es gibt eigene Rituale für Kinder, die die Erdenreife noch nicht erlangt haben (Taufe, Kinderbestattung, Sonntagshandlung). Insbesondere die Worte der *Taufe*, die vom Hereinführen der Kindesseele aus der Geist- in die Erdenwelt reden, beziehen sich exakt auf diesen Vorgang. Am Ende dieser Entwicklung steht ein Sakrament, das den Kindern, die aus der Lichtwelt kamen und inzwischen zu Jugendlichen geworden sind, die sich jetzt voll mit der Erdenrealität auseinandersetzen müssen, helfen soll, aus der Kraft des Christus ihre weiteren Wege auf Erden zu finden: die *Konfirmation*.

Die Kinder kommen also »von der anderen Seite« und müssen ins Irdische noch hereinwachsen. Ausdruck dieser Tatsache ist die Stufenfolge desjenigen Vorgangs, der der Kommunion der Erwachsenen vergleichbar ist: sie geht von der geistigen Seite aus und endet im Physischen. An dieser Stelle aber steht das *Lied*.[25] Der Erwachsene erhebt sich im Singen, die Kinder inkarnieren sich dabei. Das kann im wahrsten Sinne des Wortes gelten: sie sind danach besser bei sich »angekommen«.

So ist das Lied in der Sonntagshandlung mehr als ein schönes, gemeinsames Singen zur Abrundung des Ganzen. Es ist auch mehr als ein pädagogisches Mittel, das Sammlung und Ruhe bewirken soll, bevor die Kinder hinausstürmen. Das Lied ist ein echter Bestandteil des Rituals und als solcher wirksam.

Für Eltern und Musiker

Es bleibt die Frage: Sollen die Erwachsenen dieses Lied mitsingen oder gerade nicht? Die Antwort kann nicht allgemeingültig formuliert werden. In Fällen, wo nur wenige Kinder einsam und alleine vor dem Altar stehen und sich kaum zu singen trauen, werden sie eine liebevolle Unterstützung »von hinten« sicher gebrauchen können. Wo aber dreißig, vierzig Kinder zusammen sind, mit denen das Lied zuvor gut geübt wurde (!), wird es nicht nötig sein, als Eltern und Gemeindemitglieder aus voller Brust mitzusingen. Hier ist eher liebevolle Zurückhaltung angesagt. Wer die Lieder, die die Kinder singen, gar so gerne mag, daß er sie selbst singen möchte, kann das ja zu Hause gemeinsam mit den Kindern durchaus tun. So werden unbekanntere Lieder gleich geübt. Andererseits sollten die Lieder für die Sonntagshandlung nicht »eingepaukt« werden, es sind keine Etüden, die zur Perfektion zu bringen sind.

Vieles hängt auch von der Art der *Begleitung* ab. Sie soll eine Hülle, jedoch kein Ballast sein für die singenden Kinder. Das Einfache, Schlichte ist hier oft besser als das Kunstvolle, Massive. Wo keine Orgel und kein Klavier vorhanden ist, können die Lieder ohne weiteres mit einem Melodieinstrument, also einstimmig, begleitet werden.

Zur Frage des *Nachspiels* sei hier noch folgendes gesagt: Es hat sich erwiesen, daß selbst einfachste, ja einstimmige (vorbereitete) Improvisationen über die Melodie des zuvor gesungenen Liedes ihren Zweck oft besser erfüllen als manch schönes klassisches oder barockes Werk, da sie der Sache einfach näher sind.

Von der Religion des Musikers

Auf die Herkunft des Wortes »Religion« von der lateinischen *religio* (Wiederverbindung) ist bereits so häufig hingewiesen worden, daß es wie ein Allgemeinplatz erscheinen mag, dies auch hier wieder zu tun. Dennoch ist es gut, sich die Bedeutungen, die dieses Wort haben kann, kurz in Erinnerung zu rufen, bevor weiteres daran angeknüpft wird.

Da ist zum einen die geläufige Bedeutung, die eben jene *Wiederverbindung* des Menschen als solche meint, genauer: die Wiederverbindung des ganzen Menschen und seiner irdischen Existenz mit dem göttlichen Weltbereich, aus dem der Mensch stammt und wohin er nach dem Tode zurückkehrt. Kurz gesagt: Religion ist die Verbindung mit dem Göttlichen und der Welt des Göttlichen.

Die andere Bedeutung betont mehr die *Aktivität*, die zu dieser Vereinigung führen kann: das Religiös-Sein also, der Weg, der aktiv beschritten werden muß, um zur Verbindung mit dem Göttlichen zu gelangen. Denn von selbst geht das nicht. Wenn von einer Wieder-Verbindung gesprochen werden kann, so beeinhaltet das, daß zuvor eine Entfremdung, eine Entfernung vom Göttlichen stattgefunden haben muß. Dies war nicht immer so. Es gab in der Menschheitsgeschichte Zeiten, in denen noch ein so unmittelbarer Verkehr mit der Welt des Göttlichen bestand, daß es gar keinen Sinn gemacht hätte, in der heutigen Weise von »Religion« zu sprechen. Rudolf Steiner weist darauf hin, daß sich ein derartiges Bewußtsein u.a. noch lange bei den Indianern Nordamerikas erhalten hat: *Der braune Mann hört den Donner und sieht den Blitz, und diese Sprache versteht er; da spricht sein Gott zu ihm. Er hört im Walde das Rauschen der Blätter und Bäume, auch da spricht sein Gott zu ihm. Er hört die Wellen im Bach plätschern, und es versteht der braune Mann diese Sprache. Er spürt, wenn sich ein Sturm erhebt. Überall hört er seinen Gott zu ihm sprechen ...* [26]

Die Natur wird hier als Äußerung der Gottheit erlebt. Hellsichtig wird wahrgenommen, daß in allem Göttliches webt und west. Der Mensch erlebt, wie er vom Göttlichen unmittelbar durchdrungen wird. Er sitzt noch »am Tische der Götter« und hat Anteil an ihrem Leben. Dieser archaische, noch vor-intellektuelle Bewußtseinszustand ist zu Zeiten der alten atlantischen Kultur der »normale«. Es hätte, wie gesagt, wenig Sinn, in der heutigen Weise von Religion als Sehnsucht nach einer Wiederverbindung mit dem Göttlichen zu sprechen – die definitive Trennung war noch gar nicht vollzogen. Man konnte noch unmittelbar in das Leben der Götter »eintauchen«. Und die Götter durchdrangen den Menschen unmittelbar.

Halten wir hier kurz inne. Diese beiden Mysterien – das des Eintauchens ins Göttliche und das des Durchdrungenwerdens vom Göttlichen – sind die Ur-Pfeiler aller religiösen Betätigung. Religiöse Verrichtungen wollen immer dazu führen, daß der Mensch einerseits wieder einen Zugang zum Leben der Götter findet und darin eintauchen kann; andererseits soll aber auch das Göttliche durch sie die Möglichkeit erhalten, in uns Wohnung zu nehmen. Goethe hat das (*Faust II*, Schlußszene) in die knappe Formel gebracht: »Wer immer strebend sich bemüht, den können wir erlösen.«

Nun gibt es gerade zur atlantischen Kultur Hinweise Rudolf Steiners, die auf eine stark musikalische Komponente des Verkehrs der damaligen Menschheit mit den Göttern deuten. In den Vorträgen über *Das Tonerlebnis im Menschen*[27], die den Waldorflehrern als erste Orientierung zum Musikunterricht dienen sollten, stoßen wir auf bedeutsame Aussagen in dieser Richtung. Da ist zunächst die Rede davon, daß damals alle Musik »Beweis für das Dasein Gottes« war: *Wenn man musikalisch wurde, hatte einen der große Geist. Im Moment, wo man Musik trieb, war der große Geist in einem ...* Nur so läßt es sich verstehen – und jetzt berühren wir unser eigentliches Thema – *daß man den Menschen überhaupt religiös unterrichten [konnte], indem man ihm die damalige Musik beibrachte, denn da verstand er gleich, daß man durch die Musik nicht nur irdischer Mensch ist, sondern entrückter Mensch zugleich* (7. 3. 1923). In der Entrückung konnte man in das Leben der Götter eintauchen, und

»der große Geist war in einem«. Musik war also *das* Kommunikations-, ja Kommunionsmittel mit dem Göttlichen, dem profanen Bereich entzogen: ...*Und man war sich bewußt: Redest du von Kirschen und Trauben, so gebrauchst du weltliche Worte; redest du von den Göttern, dann mußt du singen.* (8. 3. 1923). Bei den Atlantiern war es so, ... *daß ihnen das musikalische Erlebnis zusammenfiel mit einem unmittelbar religiösen Erlebnis...* Und die Klänge, die man hervorbrachte, wurden nicht so empfunden, daß man sie selbst hervorbrachte, sondern die Götter selbst offenbarten sich durch sie: ... *Sie hätten gar keinen Sinn damit verknüpfen können: Ich mache Musik. – Sie konnten nur einen Sinn damit verbinden, wenn sie sagten: Ich lebe in der von den Göttern gemachten Musik ... Es ertönen die Tongebilde als etwas, auf dessen Flügeln die Götter durch die Welt wallen, deren Wallen ich miterlebe, indem ich die Töne wahrnehme ...* (16. 3. 23)

In den erwähnten Musikvorträgen wird das musikalisch-religiöse Erleben im Zusammenhang mit verschiedenen Entwicklungsepochen der Menschheit noch differenzierter geschildert. Es lohnt sich, diese Vorträge einmal unter diesem Gesichtspunkt zu lesen!

Dieses »Zusammenfallen« des Musikalischen mit dem Religiösen, jenes Stadium, in dem Musik noch selbst Religion *ist*, hat sich nicht unabgeschwächt bis heute erhalten. Doch wir erleben immer noch Nachklänge davon. Die Musik war ein Bereich, in dem sich die untergründige Lebensverbindung zum Göttlichen noch herstellen ließ, als dies auf anderen Gebieten schon längst nicht mehr möglich war. Selbst in Zeiten, da Religion längst zum Dogma und zur häufig unverstandenen Tradition geworden war, vermittelte die Musik noch, wie von ferne, eine letzte Berührung mit dem »Höheren«. Wenn man einen Bericht von der Wiederaufführung der Bach'schen *Matthäuspassion* durch Mendelssohn (1829) liest, spürt man dies.[28] Und als der junge Gustav Mahler, nachdem er zum erstenmal Wagners *Parsifal* gehört hatte, »keines Wortes fähig« aus dem Bayreuther Festspielhaus trat, da wußte er, »daß mir das Größte, Schmerzlichste aufgegangen war, und daß ich es unentweiht mit mir durch mein Leben tragen werde.«[29]

Die Frage, worauf diese Wirkung der Musik – Musik als religiöses Erlebnis – eigentlich beruht, ließe sich (hypothetisch) vielleicht so beantworten: Wir tauchen mit unserem eigenen Lebensstrom in den Lebensstrom der Musik ein und werden dadurch selbst belebt. Denn in diesem musikalischen Strom ist noch etwas vom »Wallen der Götter« wahrnehmbar. Hier wird etwas vom Mysterium des Eintauchens in das Göttliche spürbar.

Die Frage nach dem eigenen Lebensstrom führt auf eine andere. Wie spüren wir diesen Strom in uns? Die Antwort lautet, bei genauer Selbstbeobachtung: in Blut und Atem. In Blut und Atem sind Weltenkräfte und Weltenrhythmen wirksam. Und die belebende Wirkung des Musikalischen beruht darauf, daß wir mit Blut und Atem wie mit einem Organ in den Strom, den Atem der Musik eintauchen. In diesem wird zugleich aber auch das Wallen der Götter erlebt. Das in den Tönen waltende Göttliche wird damit zur in uns waltenden Kraft. Rudolf Steiner hat in seinen Vorträgen über das *Matthäus-Evangelium*[30] aufgezeigt, daß das jüdische Volk einst die Mission hatte, die Fähigkeit zur abstrakten Gotteserkenntnis als verinnerlichtes und zugleich vererbbares (unbewußtes) *Blutserlebnis* auszubilden. Ähnliches läßt sich über die musikalische Begabung des Menschen sagen: sie beruht auf Blutseigenschaften. Ein Mensch ist musikalisch, wenn er die Fähigkeit hat, entsprechende Blutserlebnisse zu haben. Oder weiter gefaßt: Ein Mensch hat dann religiös-musikalische Erlebnisse, wenn er seinen eigenen Lebensstrom in ein Verhältnis setzt zum Lebensstrom der Musik, in dem Höheres walten kann.

Hier erheben sich sofort zwei Fragen. Erstens: Ist Musik immer »inspiriert«, d.h. Träger höherer Wirkungen? Und zweitens: Sind wir immer fähig, uns in der rechten Weise in den (höheren) Strom der Musik hineinzustellen?

Zunächst muß beides weitgehend verneint werden. Wir wissen nur zu genau, daß derart inspirierte Musik eher zu den seltenen Erscheinungen gehört, und wir wissen auch, daß wir keineswegs immer in der Lage sind, uns für sie zu öffnen, wenn sie erklingt. So tritt oft der Fall ein, daß beispielsweise ein Werk von Bach uns kalt läßt, weil es vielleicht uninspiriert heruntergedroschen wird oder aber wir nicht in der Lage sind, diese Musik entsprechend aufzunehmen.

Beides deutet darauf hin, daß heute offensichtlich die »alten« Musikalitäts- und Lebenskräfte nicht mehr so intakt sind wie noch vor hundert Jahren, als Mahler seinen Ausspruch tat. Immer seltener werden daher religiöse Erlebnisse an Musik, und immer seltener werden inspirierte Wiedergaben. Ein Symptom, das darauf hindeutet, ist der fortschreitende Verlust einer »atmenden« (d.h. auf den inneren Lebensrhythmen basierenden) musikalischen Rhythmik und die Zunahme einer rein motorisch-mechanisch ausgerichteten Spielweise. Mittels der Schallplatte läßt sich diese Entwicklung, die seit dem 2. Weltkrieg immer deutlicher zutage tritt, verfolgen. Man vergleiche nur einmal Aufnahmen einer Klaviersonate von Mozart durch Wilhelm Kempff und Glen Gould, und man wird hören, was gemeint ist.

So kann der Eindruck entstehen, daß wir, bildlich gesprochen, heute an einer doppelten Abschnürung leiden: Zum einen sind Töne – besonders im Falle mechanischer Musikwiedergabe – nicht mehr ohne weiteres Träger und Medium höherer geistiger Wirkungen. Zum anderen ist die beschriebene »Wahrnehmungsfähigkeit« des Blutes, das »Herzgehör«, schwächer geworden. Der in sich kreisende Lebensstrom nimmt nur noch *sich selbst* wahr – er kann nicht mehr eintauchen in das innere Leben der Musik. Damit ist die heutige Situation des Musikers umschrieben: es wird immer schwerer, aus den alten Kräften heraus Musik zu machen und zu hören. Die Abschnürung des Lebensstromes schreitet rapide voran. Es wird zwar nach wie vor viel Musik gemacht und gehört, mehr denn je vielleicht, es gab aber auch noch nie so viel Fassade und Scheinerlebnisse auf diesem Gebiet wie heute.

Lebens- und Verwandlungskräfte des Kultus. Probleme und Aufgaben des Musikers

In jedem echten Kultus tauchen wir tief in eine Welt von Lebenskräften, einen gesetzmäßig geordneten Kräfte-Kosmos, ein. Dort sind immer frische Kräfte im Überfluß wirksam. Und schmerzlich läßt sich demgegenüber spüren, wie verbraucht und ausgetrocknet dieser Bereich in uns selbst ist. Darauf beruht ja die vornehmlichste Wirkung des Kultus: Das Kommunizieren mit dem »neuen Blut«, d. h. den neuen Lebenskräften, erneuert das »alte Blut« in uns. Gleiches gilt für die Teilnahme am »neuen Leib«, der dort jedesmal geschaffen wird. Und die eigentliche »religiöse« Aktivität besteht darin, daß wir daran arbeiten, eine Verbindung zu diesem Kräftebereich, ein Eintauchen in ihn herzustellen.

Das braucht eine Vorbereitung: eine gewisse Offenheit gegenüber dem, was zu uns kommen will; einen »offenen Willen« zur (Wieder-)Vereinigung mit dem Göttlichen. »Religiös sein« heißt eigentlich: wiedervereinigungswillig sein. Wir sprachen darüber bereits im 4. Kapitel.

Wie sieht dies nun speziell für den Musiker aus?

Der Musiker hat tief in seinem Willensbereich eine starke Affinität zu dieser religiösen Grundhaltung. Rudolf Steiner zitiert einmal[31] den Philosophen *Friedrich Schlegel*, der (in seinen Vorlesungen über die Philosophie der Sprache und des Wortes) darauf aufmerksam macht, daß es im Menschen drei »Ahnungsorgane des Göttlichen« gebe, »Grundgefühle des Ewigen«, die ... *man sehr häufig als Glauben, Hoffnung und Liebe zu bezeichnen [pflegt]...*, seelische Sinnesorgane für das Göttliche gleichsam. Schlegel stellt nun eine Beziehung zwischen bestimmten äußeren Sinnestätigkeiten und denen dieser seelischen Auffassungsorgane des Göttlichen her. Für ihn ... *entspricht die L i e b e* [als innere Aktivität. F.B.] *dem äußeren Gefühlssinn* (Tastsinn) ... *Der G l a u b e ist das innere Gehör des Geistes, welches das gegebene Wort einer höheren Mitteilung vereint, auffaßt und bewahrt; die H o f f n u n g aber ist das Auge, dessen Licht die mit tiefem Verlangen ersehnten Gegenstände schon aus weiter Ferne erblickt ...* Im Übersinnlichen liegt der Glaubenskraft eine Fähigkeit der Seele zugrunde, die man, so Steiner, *will man sie übersinnlich-bildhaft ausdrücken, ein G e h ö r des übersinnlichen Menschen nennen muß.*

Das mag zunächst verwundern. Aber man muß sich klarmachen, daß jeder Musiker eigentlich ständig Glaubenskräfte in sich mobilisieren muß im Umgehen mit dem noch Unhörbaren, noch nicht Existenten, Werdenden – ein tiefes Zukunftsvertrauen, ein Durchtragen ohne äußeren, materiell greifbaren »Gegenstand«, an den man sich halten könnte. Denn Musik ist, nach Goethe, rein »Form und Gehalt ... Die Würde der Kunst erscheint bei der Musik vielleicht am Eminentesten, ... *weil sie keinen Stoff hat, der abgerechnet werden müßte*« (Sprüche in Prosa, Nr. 842).

Dieser tief in uns erlebbare, uns im Willens- und Gefühlsbereich tragende Kräftestrom, wird, so sagten wir, im Kultus mit dem Lebensstrom konfrontiert, der »von außen«, vom Altar her auf ihn zukommt. Wer in diesen eintauchen will, muß sich ihm öffnen, hinneigen, muß gleichsam Ohr werden, das heißt: er muß jene Hörfähigkeit der Seele mobilisieren, die sich als Glaubenskraft manifestiert. Ein in dieser Weise gepflegtes »glaubendes Hören« (man könnte von einer *Empathie* auf höchster Ebene sprechen) wird dazu führen, daß man mitvollziehend in das höhere Leben des Kultus eintauchen kann.

Nach all dem müßte es eigentlich selbstverständlich sein, daß die Musiker einen besonders direkten, originären Zugang zum Kultus haben. Doch das ist absolut nicht der Fall. Im Gegenteil – viele Musiker leben in der Empfindung, sie »bräuchten« den Kultus nicht, da sie ja ihre Musik haben. Das ist tatsächlich nicht unrichtig. Denn in der Musik leben, wie wir sahen, immer noch alte, göttliche Lebenskräfte, die eine tiefe Befriedigung und Sättigung geben können. Außerdem trägt der Musiker in sich selbst einen Ozean von Lebenskräften, aus denen er schöpfen kann. Doch dies alles ist im Entschwinden. *Noch* trägt das alles – scheinbar –, noch kann der Musiker (cum grano salis) »aus dem Vollen« schöpfen. Aber wie lange noch? Wir wissen es nicht. Wir können nur dankbar auf die Möglichkeit hinblicken, im Kultus neue Lebenskräfte zu empfangen, die auch, ja besonders den Musiker weiterbringen können, vor allem dann, wenn seine eigene »Inspiration« versagt ...[32]

Noch ein weiterer Faktor muß hier erwähnt werden, eine andere Seite derselben Sache.

Im Kultus fließt nicht nur neues »Lebensblut« (Wein), sondern es entsteht auch, zumindest anfänglich-keimhaft, ein neuer Leib (Brot). Dieses Thema – die alte und die neue Leiblichkeit – ist eigentlich ein eminent musikalisches! Denn gerade der Musiker braucht außer der beschriebenen Blut-Atem-Konstitution auch eine ganz bestimmte Leiblichkeit. Ohne diese eigentümliche Organisation des physischen Leibes hätte die musikalische Begabung nicht die Möglichkeit, sich in ihm zu »verwurzeln«. Rudolf Steiner weist zum Beispiel einmal darauf hin, daß die Individualität Johann Sebastian Bachs zur Verkörperung einen Leib mit einem ganz besonders hoch entwickelten Ohr brauchte, ein Leib, der erst nach etlichen Generationen von Musikern aus dem Vererbungsstrom zur Verfügung stand. Ohne dieses Ohr hätte Bach seine Mission nicht erfüllen können. Ein anderes Beispiel ist der »Teufelsgeiger« Niccolò Paganini. Er verfügte über eine ganz eigentümliche Gliedmaßen-Organisation, die ihn befähigte, auf seiner Violine die virtuosesten Hexenkünste auszuführen. Goethe kam in Gesprächen immer wieder auf Paganini zurück. Das Geheimnis, das da zwischen Leiblichkeit und Musikalität waltete, faszinierte ihn lebenslang.

Doch auch hier gilt, kurz ausgedrückt: die »alte« Leiblichkeit gibt nicht mehr im selben Maße wie früher die Kräfte her, aus denen Musik geboren wird, obwohl es auch heute noch erstaunliche Begabungen gibt.[33] Ein Indiz dafür sind die zahllosen physischen Prozeduren, durch die Musikalisches aus den Leibern herausgequetscht werden soll: bis zu fünfzehnstündiges Üben am Tag, Anbringung von Gewichten zur Muskelkräftigung usw. Musik-Ausübung wird zur olympischen Disziplin: Gewinner ist, wer am schnellsten, ausdauerndsten, kräftigsten, beeindruckendsten zu spielen vermag.

Wer je Gelegenheit hatte, Musikern aus anderen Kulturen (Balkan, Indien, Südamerika) beim Musizieren zuzusehen, wer je die unglaubliche Leichtigkeit, mit der die Leiber beim Spielen vom Seelischen ergriffen werden, die kindhaft-spielerische Mühelosigkeit erlebt hat, der wird bestätigen können, daß solch technisch-exerzitienhaftes Musikmachen eigentlich ein Ausdruck des Niedergangs, des Nicht-mehr-verfügbar-Seins der ursprünglichen universalen musikalischen Lebenskräfte und Leibesfähigkeiten ist. Und auch dort, in jenen Kulturen, wo diese bisher noch »intakt« waren, hat derselbe Prozeß bereits eingesetzt.

Statt nun darüber zu klagen, wäre es vielleicht besser, diesen Prozeß als unentrinnbar, ja notwendig zu akzeptieren. Denn er zwingt uns, ganz neue Quellen unseres Musikertums zu erschließen. Verhängnisvoll ist die Entwicklung nur dann, wenn wir an den alten, versiegenden Quellen festhalten. Dies ist vielen Musikern bereits mehr oder weniger bewußt, und man versucht allenthalben, dem durch neue mentale oder meditative Techniken gegenzusteuern. Die Grundfragen bleiben immer dieselben: gelingt es, den Anschluß an neue Lebenskräfte zu finden? Ist es möglich, die eigene Physis so zu verwandeln, daß sie wieder Instrument, das heißt: »offen« wird, durchlässig für Seelisch-Geistiges?

Wir kommen auf das Musizieren im Kultus zurück. Gerade hier, angesichts der besonderen Anforderungen, die sich hier stellen, ist es wichtig, derartige Kräfte zu entwickeln. Und es gibt dafür sogar einen konkreten Weg – der Kultus selbst. Wir wiesen bereits auf die Metamorphose der Hörfähigkeit zur Glaubenskraft hin. Sie beruht auf einem vertrauensvollen, eben »hörenden« Eintauchen in den Atem des Göttlichen. Ebenso können wir uns mit unseren physisch-manuellen Fähigkeiten in ein vergleichbares Verhältnis bringen. Denn alle Technik, alle körperlich-manuelle Beherrschung eines Instrumentes und damit also auch alle Fragen der Tonbildung, beruht letzten Endes auf einem hochentwickelten Tast- und Bewegungssinn. Dieser Tastsinn aber ist, so Schlegel, ebenfalls die Grundlage eines »Ahnungsorganes für das Göttliche« – er verwandelt sich in die Fähigkeit der *Liebe*, konkreter: der Liebe zum Nicht-Greifbaren, Dahinterliegenden, Unsichtbaren. Für das Musizieren bedeutet das: Nicht das sinnlich-greifbare, physisch-materielle Klang-Produkt ist Ziel meiner Anstrengungen, sondern die Durchdringung aller leibhaften Komponenten (Instrument, Material, Technik, Bewegungsvorgänge) mit der wärmenden Kraft der Liebe zum Nicht-Hörbaren, Unsichtbaren.[34]

Nehmen wir den Prozeß der Verwandlung der Materie, wie er sich im Kultus vollzieht, ernst, so müssen wir sagen: Vor unseren Augen wird ständig irdische Substanz verwandelt, sie wird zum Träger geistiger Wirkenskräfte und kann infolgedessen heilend wirken. Es ist wieder jenes *Mysterium des Durchdrungenwerdens* des Physischen vom Geistigen, dem wir hier begegnen. Sollte dies nicht für unser Musizieren genauso gelten? Können wir nicht die physische Seite unserer Tätigkeit aus dem Prozeß, den wir im und am Kultus durchmachen, verwandeln? Sind nicht alle Anforderungen, die sich dem Musiker hier stellen, Aufforderungen zu dieser Verwandlung?

Hier gibt es keinen qualitativen Unterschied zwischen »Laien« und »Profis« mehr. Denn diese Aufgabe stellt sich uns allen gleichermaßen, jedem auf seine Weise, jedem auf seinem Niveau. Auf der Ebene, die wir hier meinen, ist das Musizieren für Laien und Profis gleich schwer. Zwar mögen letztere über mehr Technik und Erfahrung verfügen, doch müssen sie lernen, sie hinzuopfern, sie neu einzusetzen; der Laie dagegen bringt weniger »Ballast« mit, ist noch formbar und unbefangen. Von

Anfang an wird daher in der Christengemeinschaft ein brüderliches Miteinander von Berufs- und Laienmusikern gepflegt.

Wir haben uns auf knappe Andeutungen beschränkt. Vielleicht ist dennoch deutlich geworden, daß die Musik nicht nur im Kultus große Zukunftsaufgaben hat, sondern auch überall da, wo es um die Durchdringung des Künstlerischen mit religiös-spirituellen Intentionen überhaupt geht. Rudolf Steiner hat diese Sicht geteilt. Am Ende seines Lebens ließ er eine seiner letzten großen Vortragsreihen in einem Ausblick auf die grandiose Zukunftsmission des Musikalischen gipfeln: ... *Das Musikalische ist in künstlerischer Beziehung die Zukunft der Menschheit [...]. Aber gerade das, was ich angedeutet habe, was für die Menschheitsentwicklung ein Höchstes ist, das Herankommen der Gestalt des Christus, ja, der lebensvollen, geist-lebensvollen Gestalt des Christus, das ist etwas, was in gewissem Sinne ja wunderbar der Malerei durch die Renaissancemalerei und das, was ihr vorangegangen ist, gelungen ist, was aber künftig durch das Musikalische wird gefunden werden müssen. Sehen Sie, der Drang war da. Es war der Drang da in Richard Wagner. Und dieser Drang hat Richard Wagner zuletzt zu seinem »Parsifal« gebracht. Aber der »Parsifal« ist in bezug auf das Hereinzaubern des Christus-Impulses in die physisch-sinnliche Welt, wo er am christlichsten sein will, doch sozusagen nur in eine symbolistische Andeutung verschwebt: die Taube erscheint und dergleichen. Die Kommunion ist symbolisch da. Es ist nicht im Elemente des Musikalischen dasjenige erreicht, was im Kosmos und im Irdischen den Christus-Impuls eigentlich ausmacht. Das Musikalische ist aber befähigt, diesen Christus-Impuls in Tönen, in gestalteten Tönen, in durchseelten, in durchgeistigten Tönen einmal vor die Welt hinzustellen.*[35]

Dieses »Hereinzaubern des Christus-Impulses« wird im Kultus und in den Sakramenten jedesmal neu Wirklichkeit. Immer wenn Ähnliches im Musizieren und Hören gelingt, vollzieht sich eine reale Wiederverbindung, ereignet sich wahre Religion.

Nachwort

Wir haben versucht, ein Gebiet darzustellen, das noch stark in Entwicklung begriffen ist: die Musik im Kultus der Christengemeinschaft. Dies konnte daher nur in Form einer Momentaufnahme geschehen. Doch in einer Entwicklung sind solche einzelnen konkreten Momente ein Spiegel der Intentionen der daran beteiligten Menschen. So erschien es mir falsch, nur allgemeine Grundsätze und Prinzipielles ohne Berücksichtigung der momentanen konkreten Verhältnisse darzustellen. Aus dem, was heute lebt, ergeben sich die Notwendigkeiten und Möglichkeiten von morgen.

Wer nun fragt, wie es denn weitergehen wird mit der Musik in der Christengemeinschaft, wird auch nach den Entwicklungsbedingungen dieser Musik fragen müssen. Und da lassen sich durchaus einige (persönlich-überpersönliche) Hoffnungen formulieren:

Zunächst darf gewünscht werden, es möge sich immer mehr die Einsicht durchsetzen, daß die Musik im Kultus kein schmückendes Beiwerk ist, sondern unverzichtbarer Bestandteil und Hilfe. Je regelmäßiger und je häufiger Musik im Kultus und bei den Sakramenten erklingt, desto deutlicher kann dies werden. Musik ist nicht nur etwas für die Sonn- und Feiertage!

Es gibt zur Zeit (1995) in der Christengemeinschaft noch keine Möglichkeit, sich für die Aufgaben, die hier auf einen zukommen, auszubilden. Die Arbeit auf den eher seltenen regionalen und internationalen Musikertagungen reicht bei weitem nicht aus. Eine feste Ausbildungsmöglichkeit für Musiker, und sei es nur kurs- und periodenweise, ist dringend notwendig! Doch wenn es dann solcherart ausgebildete Musiker gäbe, fehlten in den Gemeinden immer noch die »Stellen«, das heißt die honorierten Tätigkeitsmöglichkeiten für diese Menschen. Die Organisation und Pflege des Musikalischen ist schon in mittelgroßen Gemeinden eine Aufgabe, die einen Kantor oder Instrumentalisten großenteils auslastet. Dies wird oft noch gar nicht realisiert. Nicht alles (und insbesondere nicht die Musik) muß sogleich institutionalisiert werden. Aber wenn Menschen verbindlich die Verantwortung auf diesem Gebiet übernehmen, umfaßt das mehr als einen rein freiwilligen Einsatz. Der Musiker muß neben den Gemeindehelfern, Religionslehrern usw. in die Gruppe der (Laien-)Mitarbeiter eingereiht werden.

Zuletzt noch der Wunsch, die Musik möge ein fester Bestandteil der Priesterausbildung werden. Wie sollen die Pfarrer in den Gemeinden ein Verhältnis zu den liturgischen und praktischen Phänomenen des Musikalischen entwickeln, wenn ihnen selbst elementare Kenntnisse und grundlegender Sachverstand fehlen?

Eine Momentaufnahme hat den Nachteil, daß sie rasch überholt sein kann. Im Falle der soeben aufgestellten Wunschliste ließe sich nichts mehr hoffen als genau dies.

Anhang

Spielanweisungen kultischer Musik

aus: Lothar Reubke, *Musik zur Menschenweihehandlung I (1973)*

… Da das Musizieren in der Menschenweihehandlung auch die Ausbildung neuer, bisher noch weitgehend ungeübter Hörfähigkeiten erfordert, ist auch die Art der Notation so zurückhaltend wie möglich gehalten, um dem Spieler die Möglichkeit zu geben, von sich aus zu entdecken, auf welche Weise die Intention seines Spiels zu den Intentionen des Kultus in Beziehung gesetzt werden können. Allgemein kann jedoch gesagt werden, daß der Verfasser sich bemühte, nichts mit Tönen auszudrücken, was nicht *in* den Tönen selbst verborgen ist. So wird es wohl auch beim Studium günstig sein, zu üben, wie wohl ein Ton, ein Rhythmus, ein Klang auf klarste Weise *hörbar* gemacht werden kann …

aus: Lothar Reubke, *Musik zur Menschenweihehandlung III (1977)*

… Mit dem dritten Heft dieser Sammlung gerät die ursprüngliche Aufgabenstellung: »Musik für wenige Instrumente« an eine Grenze. Spielt nur ein einziges Melodieinstrument, so treten die Einseitigkeiten seines Wesens und seines Spielers in einer Weise hervor, daß man sich die Frage stellen kann, ob es überhaupt möglich sei, den Strom des kultischen Geschehens angemessen zu begleiten. Die technischen und geistigen Anforderungen, welche an den Spieler und an sein Instrument gestellt werden müssen, sind beim solistischen Spiel viel höher als in einer Gruppe. Darüberhinaus darf gesagt werden, daß der solistische Spieler seine Vorbereitung so gründlich zu betreiben hat, daß er in die Lage kommt, die hörende Gemeinde beim Spielen zu erfühlen. Ruhiger Atem, klare

Gliederung, sichere Bewegung, vorsichtige und doch deutliche Tongebung und vor allem Verzicht auf alle Arten von Suggestion und Brillanz sind hier vonnöten. [...] Als Zusammenfassung einer Spielanleitung für alle vorliegenden Stücke mag gelten:

Nicht in den Tönen schlafen
In jedem Tone anwesend sein
Interesse am Ton
Interesse an jeder Tonbewegung.

aus: Lothar Reubke, *Musik zur Menschenweihehandlung IV*

... Die Leier ist ja doch im Grunde genommen nicht ein Instrument unter anderen Instrumenten, sondern es tritt mit der Leier ein ganz neuer instrumentaler Typus hervor, der auch einen neuen musikalischen Typus erzeugen möchte. Alles, was darüber schon heute gesagt werden kann, ist noch tastend und versuchsweise auszudrücken, weil die diesbezüglichen Erfahrungen doch noch sehr anfänglich sind. Eines darf aber vielleicht mit einer gewissen Sicherheit gesagt werden: Die Leier fordert ein neues Verhältnis von Komposition und Interpretation: Diejenigen Tendenzen in der Musik der zweiten Hälfte des 20. Jahrhunderts, durch welche die Komposition den Spieler in ein freieres – oder darf man sagen – schöpferisches Verhältnis zum aufgezeichneten Notentext einsetzen und verpflichten möchte, werden durch die Leier in einer spezifischen Weise gefordert. Mit der Leier treten Instrumente hervor, die schon von ihrer Entstehung her die Intention zum »freien Spiel« mitbringen. Diese Freiheit möchte sich weder durch Willkür noch durch Ungewissenhaftigkeit in Szene setzen, sondern soll durch ein tieferes Eindringen des Spielers in den Geist der Musik ermöglicht werden.

Bei der Aufgabenstellung »Musik zur Menschenweihehandlung« wird die Verantwortlichkeit im Umgang mit dieser Freiheit eine doppelte sein:

Beherrschung des Instrumentes aus dem spezifischen Geiste des musikalischen Momentes heraus *und* Beherrschung des musikalischen Momentes aus dem Geiste des Kultus und der mitvollziehenden Gemeinde.

Jede Unsicherheit und Unfertigkeit auf einem oder beiden dieser Felder liegt beim Leierspiel mit fürchterlicher Offenheit am Tage. Darum ist Leierspiel in der Menschenweihehandlung mit hohen technischen, musikalischen und geistigen Vorarbeiten verbunden, welche heute oft noch nicht in genügendem Maße als notwendig erkannt werden ...

aus: Christoph Peter, *Musik zur Menschenweihehandlung* I und II (1975/1982)

... Die Ausführung [dieser Stücke] erfordert eine dem inneren »Hörraum« der Menschenweihehandlung entsprechende Spielweise: einen durchsichtigen und »gesponnenen« Ton. Ein ständiges Abtasten des Gesamtklanges, in den sich die einzelne Stimme im richtigen Verhältnis einordnet; dadurch können Dissonanzen im Sinne Rudolf Steiners konsonant werden. Töne vor Spannungspausen bis zur Pause klingen lassen, Unisonobewegungen und alle Linien in einem legato-artigen Fluß spielen. Umbesetzungen und chorische Ausführung [...] sind durchaus denkbar, wenn die beiden Grundpfeiler der Spielweise nicht ins Wanken geraten: Homogenität des Klanges und Fluß der Linie. Diese sind auch wesentlich vom Tempo, welches man gut abspüren muß, abhängig ...

aus: Fritz Büchtger, *Musik zur Menschenweihehandlung I (1978)*

... Die meisten der in diesem Heft vorgelegten Musikstücke sind in dem sogenannten Zwölftonsystem geschrieben. Die Zwölftonreihe, die einem Stück zugrunde liegt, und aus der sowohl Melodie wie auch Harmonie hervorgehen, ist sozusagen ein Durchgang durch den Tierkreis (siehe auch das Buch von Prof. Hermann Beckh über *Die Sprache der Tonart*, in der Beckh nach Angaben von Rudolf Steiner die Grundtöne der verschiedenen Tonarten den einzelnen Zeichen des Tierkreises zuordnet). Der Tierkreis entspricht dem Quintenzirkel, den wir in der Schule hätten lernen müssen. Der Durchgang durch die 12 Töne ist also zugleich ein Gang durch den Tierkreis (siehe Zeichnung nächste Seite).

Zugleich mit diesen Stationen des Tierkreises sind dabei die Intervalle von einem Ton zum anderen zu beachten, die ihrerseits wiederum mit den Wesensgliedern des Menschen zu tun haben (Vortrag Rudolf Steiners vom 29. 12. 1914: »Umwandlungsimpulse für die künstlerische Evolution der Menschheit«). Diese 12 Töne der Reihe kann man in Gruppen von 5 oder 7 Tönen zusammenfassen, die dann ihrerseits Akkorde bilden, also jeweils 12 fünf- oder siebenstimmige Akkorde. Die über der Reihe angegebenen Zahlen stellen den Beginn einer solchen Gruppe dar:

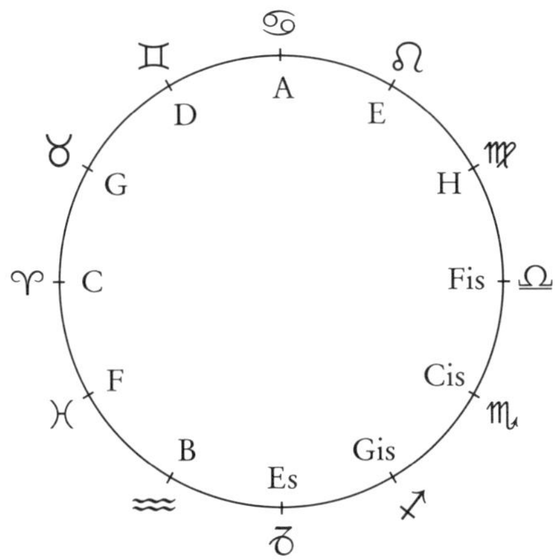

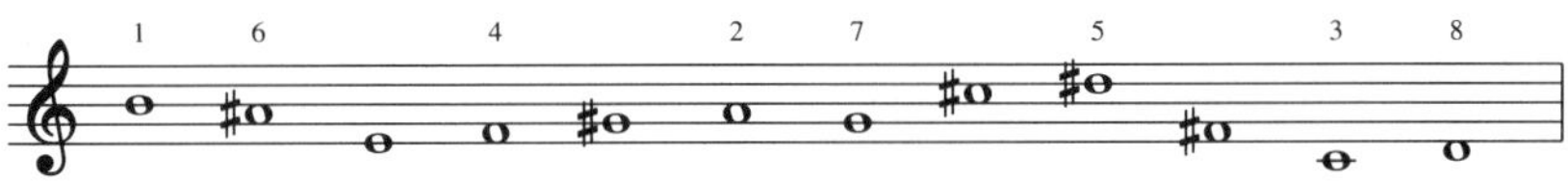

*

Musik für den Kultus der Christengemeinschaft kann über folgende Adressen bezogen werden:

Die Christengemeinschaft
Gemeinde in Bremen
z. H. Frau E. Wildung
Kleine Meinkenstraße 4
28203 Bremen

Muziekarchief van de
Christengemeenschap
c/o Andrieskerk
A. J. Ernststraat 869
NL – 1081 HL Amsterdam

Anmerkungen

1 Ähnlich ergeht es Zacharias, dem Vater Johannes' des Täufers: Als ihm die Geburt eines Sohnes angekündigt wird, weilt er gerade *im Innern des Tempels*, wo er am Altar das Rauchopfer vollzieht.

2 In höchster Steigerung erscheint diese Wahrheit bei *Hegel*: »Musik ist die Enthüllung des Absoluten in der Form des Gefühls.«

3 Siehe hierzu z.B. Helgo Bockemühl: *Grab und Tempel* in *Die Christengemeinschaft*, 49. Jg. (1977), S.148 f.

4 Wir schildern hier die bisherige Praxis. Es gibt inzwischen gewisse leicht abweichende Varianten, die in einzelnen Gemeinden praktiziert werden. Auch die Frage nach den »Binnenstellen«, jenen feineren Übergängen im Innern der großen Teile, wird immer wieder gestellt und harrt der Bearbeitung. Es mag aber deutlich sein, daß es sich dabei um Fragen handelt, die mit einer weiteren Differenzierung der Urform zusammenhängen. Sie dürften somit erst dann zur Debatte stehen, wenn sich die große Gliederung der Hauptteile durch Musik im Kultus-Gefüge und im Leben der Gemeinde tief genug verankert hat. Denn: Je tiefer man in die Binnenstruktur des Kultus eindringt, desto sensibler und diffiziler werden die Verhältnisse – und entsprechend höher die Anforderungen an die Musiker.

5 Die Gemeinde erhebt ihre Stimme auch bei den Gemeindegesängen, doch diese werden leider oftmals, vor allem in kleinen Gemeinden, weggelassen.

6 Rudolf Steiner spricht bezeichnenderweise nicht vom »Illustrieren«, sondern verwendet in diesem Zusammenhang einmal den Terminus *kommentieren*.

7 Natürlich gibt es auch »Zwitterformen« wie z.B. die barocke Gattung der *Sonata da chiesa*.

8 So drückte sich Rudolf Steiner einmal im ersten Theologenkurs vom Juni 1921 aus.

9 Natürlich gibt es auch in der Christengemeinschaft Gelegenheiten zur Pflege »alter« Musik: Abendpredigten, Andachten, Feierstunden, musikalische Veranstaltungen aller Art... Doch auch hier kommt es auf die Auswahl an.

10 Der Abdruck der Noten sagt herzlich wenig über die klingende Realität aus. Und selbst das Durchspielen solcher Musik zu Hause oder bei Studien-

anlässen kann nicht die Situation im Kultus simulieren. Dadurch wirkt solche Musik, aus ihrem Rahmen gerissen, oft enttäuschend farblos, ja unbedarft. Es muß hier, aufgrund leidvoller Erfahrungen, betont werden, daß ein realistisches Urteil selbst dem Fachmann in solchen Dingen erst möglich ist, wenn die Musik in ihrem eigentlichen Lebensraum, dem Kultus, erklingt. Viele Fehlurteile ließen sich so vermeiden.

11 Oft sind nur einige wenige Schlußtakte gegenüber der Anfangsmusik verändert. In seltenen Fällen, so bei den Komponisten Reisch, Büchtger und Peter, gibt es aber auch eigenständige Schlußmusiken. – In denjenigen Gemeinden, wo die Schlußmusik bereits *vor* den Schlußworten der Menschenweihehandlung erklingt, gilt im Prinzip dasselbe, doch mit etwas anderen Nuancen.

12 Wir haben es hier, allerdings jetzt im musikalischen Bereich als solchem, mit der gleichen Polarität zwischen Licht (Bild) und Ton (Musik) zu tun wie im Kultus selbst (s. Kap. 1).

13 Dies soll keineswegs heißen, daß mehrstrophige Lieder keine Bedeutung mehr haben können. Hier sollte nur auf die Einheit von äußerer Form und innerem Prozeß hingewiesen werden.

14 Rudolf Frieling: *Würdiges und unwürdiges Kommunizieren,* in: *Die Christengemeinschaft* 33. Jg. (1961), S. 227 ff.

15 Rudolf Frieling: *Psalmen* (Stuttgart 1985), S. 247 f.

16 Wir bringen absichtlich nur neuere Lieder, die u.E. eindeutig und überzeugend aus dem inneren Ergreifen der betreffenden kultischen Situation entstanden sind. Das schließt nicht aus, daß auch gewisse ältere Kirchenlieder zur Verwendung geeignet sein können.

17 Hinweis für *Musiker und Pfarrer*: Man sollte bei der *Auswahl* der Lieder daher sorgfältig auf deren *liturgischen Stellenwert* achten. Nicht jedes Lied, jeder Text, mag er auch höchste poetische Qualität (Goethe, Christian Morgenstern, Novalis) haben, ist als Gemeindelied, zumal an den beschriebenen Stellen, geeignet. Insbesondere vollendete Wortgestalten, wie sie Novalis (*Geistliche Lieder*) und Morgenstern (*Wir fanden einen Pfad*) schufen, sind häufig in sich so abgerundet und »fertig« daß sie sogar an Wert verlieren können, wenn sie als Gemeindelied »benutzt« werden.

18 Siehe hierzu auch Rudolf Frielings Betrachtung dieses Psalms: *Die Welt der Sünde und die Welt der Gnade* in *Psalmen* (Stuttgart 1985), S.165 f.

19 Wir verwenden hier einen Ausdruck, den Valborg Werbeck-Svärdström in ihrer »Schule der Stimmenthüllung« geprägt hat. Dieser Weg der Stimm-, Hör- und Persönlichkeitsschulung kann auch das Hören auf die Qualitäten des Orgeltons ungemein befruchten.

20 Am realsten wäre dieses Singen aus der Situation heraus am *Ende* der Feier.

21 Nicht allerdings die musikalische *Empfindungsfähigkeit*, die nicht an den Lebensleib, sondern an den Astralleib gebunden ist, der noch länger weiterexistiert.

22 z.B. im Vortrag vom 3. 11. 1912 in GA 140: *Okkulte Untersuchungen über das Leben zwischen Tod und neuer Geburt* oder im Vortrag vom 13. 4. 1913 in GA 150: *Die Welt des Geistes und ihr Hereinragen in das physische Dasein. Das Einwirken der Toten in die Welt der Lebenden.*

23 Die Ebenen erweisen sich bei exakter Betrachtung immer als einander überschneidend, so daß eine Substanz immer zwei Bereiche verbindet. Das Schema bringt eine vereinfachte Art der Zuordnung.

24 Dabei hat das Evangelium nicht die Funktion, die es im ersten Teil der Menschenweihehandlung hat, sondern ist ätherisch-bildhafte (imaginative) Substanz, die kommunizierend aufgenommen wird.

25 Eine besondere Betrachtung verdiente unter diesem Gesichtspunkt die nur einmal im Jahr gehaltene *Weihnachtshandlung für die Kinder.* In ihr singen die Kinder nicht. Sie antworten auch nicht auf die Worte, die der Priester zu ihnen spricht. Auch eine Evangelienlesung wie in der Sonntagshandlung ist nicht vorhanden.

26 Rudolf Steiner *Vor dem Tore der Theosophie* (GA 95), 11. Vortrag (Stuttgart, 1. September 1906)

27 Rudolf Steiner *Vom Wesen des Musikalischen und das Tonerlebnis im Menschen* (GA 283)

28 »Der überfüllte Saal gab einen Anblick wie eine Kirche, die tiefste Stille, die feierlichste Andacht herrschte in der Versammlung, man hörte nur einzelne unwillkürliche Äußerungen des tief erregten Gefühls, was man so oft mit Unrecht von Unternehmungen dieser Art sagt, kann man hier mit wahrem Recht behaupten, daß ein besonderer Geist, ein allgemeines, höheres Interesse diese Aufführung geleitet habe, und daß ein Jeder nach Kräften seine Schuldigkeit, Manche aber mehr als ihre Schuldigkeit taten.« (Fanny Mendelssohn an Klingemann, 22. 3. 1829)

29 Brief an Fritz Löhr, Juli 1883 in *Gustav Mahler. Briefe* (Wien/Hamburg 1982), S. 24

30 GA 123, Vortrag vom 4. 9. 1910 in Bern. Weitere Beschreibungen von Bluterlebnissen, die an der Bewegung des eigenen Leibes (Tanz!) auftreten und die Voraussetzung zur Abstraktionsfähigkeit von Bewegungen in der Geometrie bilden, gibt Steiner im Vortrag vom 26.12.1922 in seinem Kurs *Der Entstehungsmoment der Naturwissenschaft und ihre seitherige Entwicklung* (GA 326). Die Verwandtschaft von zahlenmäßig-geometrischer Abstraktion und abstrakter Gotteserkenntnis kommt u.a. in der jüdischen Kabbala zum Ausdruck.

31 Rudolf Steiner *Vom Menschenrätsel* (GA 20): Ausführungen über den Philosophen P. I. V. Troxler im Kapitel »Eine vergessene Strömung im deutschen Geistesleben«

32 Emil Bock hat bereits 1928, in einem Aufsatz über Franz Werfel und dessen Verdi-Roman, auf das Drama der nachlassenden alten Inspiration und des aus

ihr schaffenden Künstlers hingewiesen. Verdi ist der Typus des aus genialer Inspiration schaffenden Künstlers. Der Roman schildert u. a. »die Seelenlabyrinthe, die der große Musiker durchpilgert, als ihm zehn Jahre lang die Inspiration ausbleibt, bis sie ihm schließlich, im Zusammenhange mit geistigen Erlebnissen, die er bei Richard Wagners Tode hat, noch einmal wiederkehrt ...« Bock kommt schließlich zu folgendem Fazit: »Die Zeit der Genialität ist zur Neige gegangen. Der Genius bleibt länger und länger aus. Das aus der Erbschaft, aus der Genialität des Blutes stammende künstlerische Schaffen, religiöse Fühlen, wissenschaftliche Denken versiegt. Das Ich und die mit dem Ich zusammenhängende Bewußtheit vertreibt den Genius, den Engel ... Ist eine Zeit einmal, wie die unsere, in die Ichhaftigkeit und Bewußtheit eingetreten, hat sie das Paradies des Genies und seiner Naivität verlassen, so gibt es kein Zurück, nur ein Vorwärts ...« (Emil Bock *Die Krisis der Genialität. Franz Werfels Ruf nach Offenbarung.* In: *Die Christengemeinschaft,* 5. Jahrgang, August 1928, S. 137 ff.)

33 Zu diesem Thema wäre noch einiges zu ergänzen und zu verdeutlichen. Hier kann der Tatbestand nur konstatiert, nicht belegt werden.

34 Wir geben offen zu, daß dieser Gedanke im Zeitalter der digitalen Musikverwertung und beliebigen Reproduzierbarkeit jeglichen Schallmaterials geradezu exotisch anmuten muß.

35 *Das Initiatenbewußtsein* (GA 243), Vortrag vom 22. 8. 1924

KULTUS UND SAKRAMENT

Einführende Schriften

JOHANNES LENZ

Die Taufe
Das Sakrament der Christwerdung
96 Seiten, kart.

Der Gottesdienst für die Kinder
56 Seiten, kart.

Das Ereignis des Todes
Zum Umkreis der Bestattung
124 Seiten, kart.

Priestertum im Zwanzigsten Jahrhundert
132 Seiten, kart.

Die Konfirmation
Von der Kindheit zur Jugend
2. Aufl., 88 Seiten, kart.

Lebensgemeinschaft und Trauung
Das Sakrament der Ehe
148 Seiten, kart., 2. Auflage,

Die neue Beichte
Eine Einführung in das Sakrament
52 Seiten, kart.

Die Menschenweihehandlung
Eine Einführung in den neuen Gottesdienst
152 Seiten, kart.

Dieser Band schließt den Kreis der Einführungen in den Sakramentalismus der Christengemeinschaft. Die Darstellung des erneuerten Gottesdienstes, der Menschenweihehandlung, behandelt viele wesentliche Grundfragen und kann sowohl dem Unerfahrenen als auch dem schon lange mit diesem Sakrament Lebenden eine wertvolle Hilfe sein.

Hans-Werner Schroeder
Vom Erleben der Menschenweihehandlung
2. Auflage 1986. 40 Seiten, kart.

Vom Kultuserleben
Hrsg. von Christoph Rau.
2. Auflage 1983, 92 Seiten, kart.

RUDOLF FRIELING

Gesammelte Schriften zum Alten und Neuen Testament
4 Bände

1. Studien zum Alten Testament
228 Seiten, Leinen

2. Psalmen
384 Seiten, Leinen

3. Christologische Aufsätze
404 Seiten, Leinen

4. Studien zum Neuen Testament
376 Seiten, Leinen

FRIEDRICH RITTELMEYER

1. Meditation
Zwölf Briefe über Selbsterziehung
12. Auflage, 304 Seiten, kart.

2. Das Vaterunser
Ein Weg zur Menschwerdung
160 Seiten, Leinen

3. Ich bin
Reden und Aufsätze über die sieben »Ich bin«-Worte des Johannesevangeliums
3. Auflage, 140 Seiten, Leinen

4. Aus meinem Leben
2. Auflage, 432 Seiten, 29 Abb., Leinen

HANS-WERNER SCHROEDER

Die Christengemeinschaft
Entstehung – Entwicklung – Zielsetzung
192 Seiten, 74 Abb., kart.

Das christliche Bekenntnis
Ein Übungsweg
2. Auflage, 160 Seiten, Leinen

Dreieinigkeit und Dreifaltigkeit
Vom Geheimnis der Trinität
292 Seiten, Leinen

Das Evangelium im Jahreslauf
Eine Herausforderung unseres Bewußtseins
2. Auflage, 248 Seiten, Leinen

Der Mensch und das Böse
Ursprung, Wesen und Sinn der Widersachermächte
2. Auflage, 532 Seiten, Leinen

Mensch und Engel
Die Wirklichkeit der Hierarchien
4. Auflage, 256 Seiten, Leinen

BIBEL UND BIBELKUNDE

Das Neue Testament
in der Übersetzung und mit einem einführenden Beitrag von Emil Bock

Standardausgabe:
4. Aufl., 708 Seiten, Format 14,5 x 22 cm, hellblauer Leineneinband

Kleine Dünndruckausgabe:
4. Auflage, 708 Seiten, Dünndruck, Format 11 x 17,5 cm, dunkelroter flexibler Leineneinband mit Goldprägung,

Das Alte Testament
Bibeltexte, ausgewählt und erläutert von Diether Lauenstein: Anstöße zu einem neuen Lesen aus der Sicht der Evangelien
216 Seiten, zahlreiche Vignetten, brosch.

Diether Lauenstein
Der Messias
Eine biblische Untersuchung
416 Seiten, Leinen

Das Alte Testament
Nacherzählt von Irene Johanson, mit 15 Zeichnungen von Irakli Parjiani; (ab 9 J.)
272 Seiten, geb.

Wie die Jünger Christus erlebten
Für Kinder erzählt von Irene Johanson; (ab 10 J.)
188 Seiten, Leinen

Das Johannes-Evangelium
In der Übersetzung von Heinrich Ogilvie
84 Seiten, kart.

Christoph Rau
Das Matthäus-Evangelium
Entstehung – Gestalt – Essenischer Einfluß
160 Seiten, 4 Abbildungen, kart.

Struktur und Rhythmus im Johannes-Evangelium
Eine Untersuchung über die Komposition des vierten Evangeliums
172 Seiten, kart.

Johannes Lenz
Die Taten der Apostel
Zur Apostelgeschichte des Lukas
140 Seiten, kart.

Eduard Lenz
Betrachtungen über das Matthäus-Evangelium
Studien zur Komposition und Initiation im Ersten Evangelium
Hrsg. von Johannes Lenz
140 Seiten, kart.

Wilhelm Kelber
Der Menschensohn
120 Seiten, Leinen